사람들은 사람들의 몸을 감싸안는다
The Bodies of Men and Women Engirth

사람들은 사람들의 몸을 감싸안는다
The Bodies of Men and Women Engirth

월트 휘트먼
김성훈 옮김

일러두기

휘트먼은 그의 대표 시집 『풀잎』(Leaves of Grass)을 평생에 걸쳐 여러 차례 수정하고 보완하여 출간했다. 1부에 실린 「나는 육체의 시인이고 영혼의 시인이다」(I am the poet of the Body and I am the poet of the Soul)는 1892년판 『풀잎』에 수록된 「나 자신의 노래」(Songs of Myself) 21번 시를 원전으로 삼았다. 2부의 「아담의 아이들」(Children of Adam) 또한 같은 1892년판을 번역했다. 이와 달리, 3부의 「창포」(Calamus)는 1860년~1861년의 최초 버전을 번역했다.

1부에서는 「나는 육체의 시인이고 영혼의 시인이다」라는 시 한 편을, 2부와 3부에서는 각각 「아담의 아이들」과 「창포」라는 시편을 소개한다. 1부와 2부 그리고 3부의 위상을 맞추기 위해 시와 시편을 구분하지 않고 홑낫표(「 」)로 통일하여 표기했다. 또, 「아담의 아이들」과 같은 시편에 속한 개별 시 「나는 전율하는 몸을 노래하지」(I Sing the Body Electric)를 표기할 때도 이 원칙을 따랐다.

이 시집의 판형과 조판은 1892년 버전을 참고했다.

「아담의 아이들」의 수록 시 「Facing West From California's Shores」는 「창포」의 일부 시와 내용이 겹치는 부분이 있어, 독자의 감상을 방해하지 않도록 중복해서 싣지 않았다.

온라인 자료

https://whitmanarchive.org/item/ppp.00707_00733 (1부)
https://whitmanarchive.org/item/ppp.00707_01117 (2부)
https://whitmanarchive.org/item/ppp.01500_01576 (3부)

차례

10
1부 나는 육체의 시인이고 영혼의 시인이다
I am the poet of the Body and I am the poet of the Soul

16
2부 아담의 아이들
Children of Adam

세상이라는 정원으로
To the Garden the World

가로막혀 욱신대는 강물에서부터
From Pent-up Aching Rivers

나는 전율하는 몸을 노래하지
I Sing the Body Electric

한 여자가 나를 기다려
A Woman Waits for Me

자연스러운 나
Spontaneous Me

광기와 기쁨의 한 시간
ONE Hour to Madness and Joy

굽이치는 바다의 몸뚱이에서
Out of the Rolling Ocean the Crowd

사이사이 돌아오는 세월과 세월
Ages and ages returning at intervals

우리 둘, 정말 오랫동안 속았지
WE Two, How Long We Were Fool'd

오 히멘! 오 히메네!
O HYMEN! O hymenee!

나는 사랑에 아파하는 사람이야
I AM He That Aches with Love

원초적 순간들
Native Moments

언젠가 인파로 북적이는 도시를 지나면서
Once I pass'd through a populous city

나는 들었어, 너 장엄하고도 달콤한 오르간 소리를
I Heard You Solemn-Sweet Pipes of the Organ

이른 아침의 아담처럼
AS Adam early in the morning

80
3부   **창포**
Calamus

I ~ XLV

184
옮긴이의 말

196
작가의 생애

나는 전율하는 몸을 노래하지,
내가 사랑하는 사람들의 무리가 나를 감싸고 나도 그들을 감싸,
그들은 나를 놓아주지 않을 거야, 내가 그들과 함께하고, 그들에게 응답하고,
그들을 정화하고, 그들을 영혼의 기운으로 가득 채우기 전에는.

자기 몸을 더럽히는 이들이 스스로를 숨긴다는 걸, 의심한 사람이 있었을까?
산 이를 모독하는 이가 죽은 이를 모독하는 이만큼 나쁘다는 것을?
몸이 영혼만큼 충분히 해내지 못한다는 것을?
몸이 곧 영혼 아니라면, 영혼은 무엇일까?

I sing the body electric,
The armies of those I love engirth me and I engirth them,
They will not let me off till I go with them, respond to them,
And discorrupt them, and charge them full with the charge of the soul.

Was it doubted that those who corrupt their own bodies conceal themselves?
And if those who defile the living are as bad as they who defile the dead?
And if the body does not do fully as much as the soul?
And if the body were not the soul, what is the soul?

1부

나는 육체의 시인이고 영혼의 시인이다

I am the poet of the Body and
I am the poet of the Soul

나는 육체의 시인이고 영혼의 시인이다

나는 육체의 시인이고 영혼의 시인이다.
천국의 기쁨이 내게 있고, 지옥의 고통도 내게 있다,
기쁨은 내 몸에 접붙여 늘리고, 고통은 새로운 언어로 바꾼다.

나는 남자의 시인인 것만큼이나 여자의 시인이다.
나는 말한다, 여자인 것은 남자인 것만큼 위대하다고.
나는 말한다, 남자의 어머니보다 더 위대한 것은 없다고.

나는 부른다, 확장이나 자긍심의 노래를.
우리는 몸을 숨기고 스스로를 비하할 만큼 해왔다,
나는 보여준다, 크기는 그저 성장일 뿐이라는 것을.

그대는 모두를 앞지른 것인가? 대장이라도 되는 것인가?
그런 것은 사소한 것이다, 모두가 거기 닿을 뿐만 아니라 계속 나아갈 것이니.

나는 부드럽게 걷는 이, 점점 짙어지는 밤이다.
나는 부른다, 밤이 반쯤 포갠 대지와 바다를.

벌거벗은 가슴의 밤이여 꼬옥 안아주오 ― 자석처럼 꼬옥 안고 젖을
    먹여주오!
남풍이 부는 밤이여 ― 커다란 별 드문드문 수놓인 밤이여!
하염없이 꾸벅꾸벅 조는 밤이여 ― 벌거벗은 맹렬한 여름밤이여.

아, 풍성하고 시원한 숨을 내쉬는 대지여, 웃어라!
잠들어 맑은 나무들의 대지여!
떠나간 석양의 대지 ― 안개 자욱한 산꼭대기의 대지여!
푸른빛으로 물든 보름달이 유리처럼 쏟아지는 대지여!

흐르는 강 물결을 형형색색 수놓는 빛과 어둠의 대지여!
나를 위해 더 밝고 더 맑은 구름의 청명한 회색 빛 대지여!
저 멀리 쭉 뻗은 대지 — 사과꽃 풍성하게 핀 대지여! 네 연인이 갈 테니, 웃어라.

탕자여, 너는 내게 사랑을 주었다 — 그러니까 나도 네게 사랑을 주겠다!
아, 말로 다 할 수 없는 열렬한 사랑을.

I am the poet of the Body and I am the poet of the Soul

I am the poet of the Body and I am the poet of the Soul,
The pleasures of heaven are with me and the pains of hell are
    with me,
The first I graft and increase upon myself, the latter I translate
    into a new tongue.

I am the poet of the woman the same as the man,
And I say it is as great to be a woman as to be a man,
And I say there is nothing greater than the mother of men.

I chant the chant of dilation or pride,
We have had ducking and deprecating about enough,
I show that size is only development.

Have you outstript the rest? are you the President?
It is a trifle, they will more than arrive there every one, and still
    pass on.

I am he that walks with the tender and growing night,
I call to the earth and sea half-held by the night.

Press close bare-bosom'd night — press close magnetic nourishing
    night!
Night of south winds — night of the large few stars!
Still nodding night — mad naked summer night.

Smile O voluptuous cool-breath'd earth!

Earth of the slumbering and liquid trees!
Earth of departed sunset — earth of the mountains misty-topt!
Earth of the vitreous pour of the full moon just tinged with blue!
Earth of shine and dark mottling the tide of the river!
Earth of the limpid gray of clouds brighter and clearer for my
    sake!
Far-swooping elbow'd earth — rich apple-blossom'd earth!
Smile, for your lover comes.

Prodigal, you have given me love — therefore I to you give love!
O unspeakable passionate love.

2부

아담의 아이들
Children of Adam

세상이라는 정원으로

세상이라는 정원으로 새로이 올라가며,
강한 짝들, 딸들, 아들들, 그들의 몸의
사랑과 생명, 그 의미와 존재를 예고하며,
여기 경탄 속에서 잠에서 깨어나는 나를 봐,
드넓은 곡선으로 회전하는 순환들이 다시 나를 데려왔어,
사랑스럽고, 성숙하고, 모두가 내게 아름답고 경이로운 존재들,
내 팔다리와, 가장 놀라운 이유들로, 늘 그 속을 흐르는 떨리는 불꽃,
나는 여전히 존재하며 들여다보고 꿰뚫어 보지,
지금에도 만족하고, 과거에도 만족하며,
내 옆이나 뒤에, 혹은 내 앞에서
이브가 따라오고, 난 똑같이 그녀를 따라가지.

To the Garden the World

TO the garden the world anew ascending,
Potent mates, daughters, sons, preluding,
The love, the life of their bodies, meaning and being,
Curious here behold my resurrection after slumber,
The revolving cycles in their wide sweep having brought me again,
Amorous, mature, all beautiful to me, all wondrous,
My limbs and the quivering fire that ever plays through them, for
      reasons, most wondrous,
Existing I peer and penetrate still,
Content with the present, content with the past,
By my side or back of me Eve following,
Or in front, and I following her just the same.

가로막혀 욱신대는 강물에서부터

가로막혀 욱신대는 강물에서부터
그것 없이는 내가 아무것도 아닐 나 자신으로부터,
내가 인간들 중 혼자 남더라도 빛나게 만들 거라 다짐한 것에서부터,
내 울림 있는 목소리에서부터 남근을 노래하며,
생식의 노래를 부르며,
뛰어난 아이들이 필요하다고, 그리고 그 안에 훌륭한 어른들이 존재한다
   노래하며,
근육질의 충동과 섞임을 노래하며,
잠자리 친구를 노래하며, (아, 저항할 수 없는 갈망!
아, 누구에게든 서로를 끌어당기는 꼭 맞는 몸!
아, 네가 누구든지 간에, 꼭 맞는 너의 몸! 아, 몸, 그 무엇보다 나를 기쁘게
   하는 그것!)
밤낮으로 나를 갉아먹는 허기진 갈망에서부터,
원초적인 순간들과 수줍은 아픔들에서부터, 그것들을 노래하며,
수없이 오랜 세월을 열심히 찾아왔지만 아직 발견하지 못한 무언가를 향해
   나아가며,
제멋대로 뛰어다니며 가장 원초적인 자연이나
동물들 속에서 다시 태어나는 진짜 영혼의 노래를
부르며, 그것과, 그들, 그들과 함께 하는 모든 것을 시에 담으며,
사과와 레몬 냄새, 새들이 짝짓기하는 풍경,
숲의 축축함, 파도의 철썩거림,
미친 듯이 육지로 들이치는 물결을 나는 노래하며,
서곡을 흥겹게 울리며, 다가올 선율을 예상하며, 반가운 가까움, 완벽한
   몸의 모습,
욕조에서 알몸으로 헤엄치거나, 등을 대고 물에 떠 가만히 누워 있는 사람,
다가오는 여자의 모습, 떨리며 쩌릿한 사랑의 살결을, 가만히 생각하며,
너를 위해, 나를 위해, 아니 누구를 위해서든 신성한 목록을 만들며,

얼굴, 팔다리, 머리부터 발끝까지의 표식, 그리고 그것이 자극하는 것들,
신비한 황홀, 욕정적 광기, 순전한 방종,
(가까이, 조용히 들어봐, 지금 너에게 속삭이는 걸,
널 사랑해, 아, 너는 나를 완전히 사로잡았어,
아, 너와 나, 다른 모든 것으로부터 도망쳐서 완전히 자유롭고
　　　제멋대로이기를,
하늘의 매 두 마리보다, 바닷속 헤엄치는 물고기보다, 우리가 더
　　　제멋대로이기를,)
격렬한 폭풍이 내 안을 휩쓸고, 나는 열정적으로 떨고 있어.
함께하는 두 사람, 나를 사랑하고 내가 목숨보다 더 사랑하는 여자와의
　　　떼려야 뗄 수 없는 맹세, 이렇게 단언하는 맹세,
(아, 나는 기꺼이 모든 걸 너에게 걸어,
아, 필요하다면, 나는 망가져도 좋아!
아, 너와 나! 다른 사람들이 뭘 하든, 뭘 생각하든 그게
뭐가 중요해? 다른 모든 게 뭐가 중요해? 서로를 즐기고, 필요하다면
　　　완전히 소진해버리는 것 말고!)
나는 주인으로부터 조타수에게 배를 넘겨주지,
나를 지휘하고, 모두를 지휘하는 통솔자로부터 허락을 받아,
시간에서부터, 빨라지는 계획에서부터, (나는 이미 너무 오래 머물렀어),
섹스에서부터, 씨실과 날실에서부터,
은밀함에서부터, 혼자 자주 하는 불평에서부터,
가까이에 사람은 많지만 정말 가까운 사람이 없는 상황에서부터,
내 몸을 부드럽게 쓰다듬는 손길과 머리카락과 수염 사이로 손가락을
　　　밀어 넣는 감촉에서부터,
입술이나 가슴 위에 오래도록 머무는 입맞춤에서부터,
나 또는 누구든 취하고 어지럽게 하는 꽉 조이는 밀착에서부터,
신성한 남편만이 아는 것에서부터, 아버지가 되는 일에서부터,
기쁨과 승리와 안도감에서부터, 밤중 잠자리 친구의 포옹에서부터,
눈과 손, 엉덩이와 가슴이 하는 행위의 시들에서부터,
떨리는 팔이 감싸는 것에서부터,

구부러지는 곡선과 부둥켜 안는 것에서부터,

나란히 누워 부드러운 이불을 걷어내는 것에서부터,

날 떠나 보내기 싫어하는 그 사람, 그리고 떠나고 싶지 않은 나로부터,

(잠깐만, 다정한 친구, 곧 돌아올게),

별빛 반짝이고 이슬이 떨어지는 그 시간에서부터,

밤, 그 순간에서부터 아주 잠시 빠져나와 나는,

네가 하는 신성한 행위와 그것을 위해 준비된 너를,

그리고 너, 건강한 음부를 축하하지.

From Pent-up Aching Rivers

FROM pent-up aching rivers,
From that of myself without which I were nothing,
From what I am determin'd to make illustrious, even if I stand
    sole among men,
From my own voice resonant, singing the phallus,
Singing the song of procreation,
Singing the need of superb children and therein superb grown
    people,
Singing the muscular urge and the blending,
Singing the bedfellow's song, (O resistless yearning!
O for any and each the body correlative attracting!
O for you whoever you are your correlative body! O it, more than
    all else, you delighting!)
From the hungry gnaw that eats me night and day,
From native moments, from bashful pains, singing them,
Seeking something yet unfound though I have diligently sought it
    many a long year,
Singing the true song of the soul fitful at random,
Renascent with grossest Nature or among animals,
Of that, of them and what goes with them my poems informing,
Of the smell of apples and lemons, of the pairing of birds,
Of the wet of woods, of the lapping of waves,
Of the mad pushes of waves upon the land, I them chanting,
The overture lightly sounding, the strain anticipating,
The welcome nearness, the sight of the perfect body,
The swimmer swimming naked in the bath, or motionless on his
    back lying and floating,

The female form approaching, I pensive, love-flesh tremulous aching,
The divine list for myself or you or for any one making,
The face, the limbs, the index from head to foot, and what it arouses,
The mystic deliria, the madness amorous, the utter abandonment,
(Hark close and still what I now whisper to you,
I love you, O you entirely possess me,
O that you and I escape from the rest and go utterly off, free and lawless,
Two hawks in the air, two fishes swimming in the sea not more lawless than we;)
The furious storm through me careering, I passionately trembling.
The oath of the inseparableness of two together, of the woman hat loves me and whom I love more than my life, that oath swearing,
(O I willingly stake all for you,
O let me be lost if it must be so!
O you and I! what is it to us what the rest do or think?
What is all else to us? only that we enjoy each other and exhaust each other if it must be so;)
From the master, the pilot I yield the vessel to,
The general commanding me, commanding all, from him permission taking,
From time the programme hastening, (I have loiter'd too long as it is,)
From sex, from the warp and from the woof,
From privacy, from frequent repinings alone,
From plenty of persons near and yet the right person not near,
From the soft sliding of hands over me and thrusting of fingers

      through my hair and beard,
From the long sustain'd kiss upon the mouth or bosom,
From the close pressure that makes me or any man drunk, fainting
      with excess,
From what the divine husband knows, from the work of fatherhood,
From exultation, victory and relief, from the bedfellow's embrace
      in the night,
From the act-poems of eyes, hands, hips and bosoms,
From the cling of the trembling arm,
From the bending curve and the clinch,
From side by side the pliant coverlet off-throwing,
From the one so unwilling to have me leave, and me just as unwilling
      to leave,
(Yet a moment O tender waiter, and I return,)
From the hour of shining stars and dropping dews,
From the night a moment I emerging flitting out,
Celebrate you act divine and you children prepared for,
And you stalwart loins.

나는 전율하는 몸을 노래하지

1

나는 전율하는 몸을 노래하지,
내가 사랑하는 사람들의 무리가 나를 감싸고 나도 그들을 감싸,
그들은 나를 놓아주지 않을 거야, 내가 그들과 함께하고, 그들에게 응답하고,
그들을 정화하고, 그들을 영혼의 기운으로 가득 채우기 전에는.

자기 몸을 더럽히는 이들이 스스로를 숨긴다는 걸, 의심한 사람이 있었을까?
산 이를 모독하는 이가 죽은 이를 모독하는 이만큼 나쁘다는 것을?
몸이 영혼만큼 충분히 해내지 못한다는 것을?
몸이 곧 영혼 아니라면, 영혼은 무엇일까?

2

남자나 여자의 몸에 대한 사랑은 설명을 거부하고, 몸 자체가 설명을
    거부하지,
남자의 몸은 완벽하고 여자의 몸도 완벽하지.

얼굴의 표정도 설명을 거부해,
그러나 건장한 남자의 표정은 얼굴에서만 드러나는 게 아니야,
팔다리와 관절에서도 드러나고, 신기하게도 엉덩이와 손목 관절에서도
    드러나지,
걸음걸이, 목의 자세, 허리와 무릎의 굴곡에도 베어 있어서 옷으로 그를
    가릴 수 없어,
그가 지닌 강하고 다정한 면모가 면직물과 무명천 틈새를 뚫고 나와,
그가 지나갈 때면 최고의 시, 어쩌면 그 이상을 읽는 것 같아,
멈춰 서서 그의 뒷모습, 목덜미와 어깻죽지를 물끄러미 바라보게
    되지.

아기들의 뻗은 팔다리와 통통함, 여자들의 가슴과
머리, 옷자락의 주름, 길을 지나며 스치는 그녀들의 맵시, 아래로 뻗은 몸의
    윤곽,
수영장에서 알몸으로 수영하는 사람, 투명한 녹색빛 물속을 헤엄치거나,
    얼굴을 위로 하고 누워 물살 속에서 조용히 앞뒤로 흔들리는 모습,
배 위 노 젓는 사람들이 앞뒤로 구부리는 동작, 안장 위의 기수,
소녀들, 어머니들, 살림하는 이들, 그들의 모든 일,
점심시간 도시락을 열고 앉아 있는 한 무리의 노동자들, 그들을 기다리는
    아내들,
아이를 달래는 여자, 정원이나 외양간에서 일하는 농부의 딸,
옥수수를 괭이질하는 청년, 북적이는 거리 속 말 여섯 마리 몰고 가는
    썰매 마부,
일과 후 해질녘 공터에서 뒤엉킨 레슬링 선수들, 제법 성장해 건장하고
    수더분한, 이 땅에서 태어난 두 견습 소년,
바닥에 내던진 코트와 모자들, 사랑과 저항이 뒤섞인 포옹,
위에서 잡은 손, 아래에서 잡은 손, 헝클어진 머리칼, 가려진 눈,
저마다 유니폼을 입은 소방관들의 행진, 몸에 딱 붙는 바지와 허리띠 너머
    꿈틀거리는 남자의 근육,
불길을 잡고 돌아오는 느린 걸음, 갑자기 다시 울리는 종소리, 멈춰 서
    귀 기울이는 순간,
자연스럽고 완전한, 다채로운 몸짓, 숙인 머리, 굽은 목과 셈을 하는
    모습,
나는 이런 것들을 사랑해 ― 편하고, 자유롭게 지나가며, 엄마 품의
    아기와 함께 있지,
수영 선수들과 헤엄치고, 레슬링 선수들과 뒤엉키고, 소방수들과 행진하고,
    멈추고, 듣고, 셈하지.

3

한 남자를 알았지, 평범한 농부, 다섯 아들의 아버지,

그 아들들도 아들들의 아버지, 또 그 아들들도 아들들의 아버지.

놀라운 활력과 평온함, 인간의 아름다움을 지닌 사람이었어,
그 머리 모양, 옅은 노란색과 흰색이 섞인 머리칼과 수염, 헤아릴 수
    없이 깊은 검은 눈동자, 풍성하고 너른 태도,
나는 그를 찾아가 그 모습들을 보곤 했지, 그는 지혜롭기도 했어,
키가 백팔십이었고, 여든이 넘었어, 그의 아들들은 건장하고 단정했고,
    수염 난, 그을리고 잘생긴 얼굴이었어,
아들과 딸들은 그를 사랑했어, 그를 본 모든 사람이 그를 사랑했지,
그냥 형식적으로 사랑한 게 아니라, 진심으로 사랑한 거야.
그는 물만 마셨고, 맑게 그을린 낯 속 주홍빛 혈색이 감돌았어,
종종 나가서 사냥과 낚시를 하고, 자신의 배를 직접 몰았어,
    배 만드는 한 장인에게서 멋진 배를 선물 받았고,
    그를 사랑한 남자들에게서 사냥용 총을
    선물 받았어.
그가 다섯 아들과 많은 손자를 데리고 사냥이나 낚시를 하러 가면,
    그중에서도 단연 가장 아름답고 기운 넘치는 사람이었지,
너는 오래오래 그와 함께하고 싶을 거야, 배 안에서 그의 곁에 앉아
    서로를 어루만지고 싶을 거야.

4

이제 나는 알았어, 좋아하는 이들과 함께라면 그걸로 충분해,
다른 모든 사람들과 저녁 시간을 함께 한다면 그걸로 충분해,
아름답고, 특별하고, 살아 숨 쉬며, 웃는 몸들에 둘러싸이면 그걸로
    충분해.
그들 사이를 지나거나, 누군가를 어루만지거나, 그나 그녀의 목덜미에 잠시
    부드럽게 팔을 두르는 것, 그게 아니면 뭘까?
더 이상의 기쁨은 바라지 않아, 나는 그 속을 헤엄쳐, 바다처럼.

남자들과 여자들 가까이에 머물며 그들을 바라보는 것, 그들의 온기와
 향기를 느끼는 데엔 무언가 있어, 그건 영혼을 정말 기쁘게 하지,
모든 게 영혼을 기쁘게 하지만, 이것들이야말로 영혼을 정말 기쁘게 하지.

5
이것은 여성의 형태야,
머리부터 발끝까지 신성한 후광을 내뿜고,
거부할 수 없이 강렬하게 나를 끌어당겨,
나는 무력한 수증기처럼 그 숨결에 이끌려, 다 사라져 오직 나와 그것만
 남아,
책들도, 예술도, 종교도, 시간도, 눈에 보이고 단단한 땅도, 천국에 대한
 기대도, 지옥에 대한 두려움도 소멸하지.
거기에서 발산하는 통제할 수 없는 미친 빛 가닥들, 똑같이 억누를 수
 없는 반응,
머리카락, 가슴, 엉덩이, 다리 굴곡, 편히 뻗은 손, 다 풀린, 역시 풀어헤친
 내 몸,
밀물을 쏘는 썰물, 썰물을 쏘는 밀물, 부풀어 오르는 사랑의 살결과 달콤한
 찌릿함,
끝없이 투명한 사랑의 분출, 뜨겁고 거대한, 떨리는 사랑의 젤리, 하얗게
 터지는 황홀한 액체,
엎드린 새벽 속으로 확실하고 부드럽게 스며들고, 기꺼이 몸을 여는,
낮으로 넘실거리며 들어가 휘감는,
그 향기로운 살결 사이에서 정신을 잃는 신랑, 사랑의 밤.

이 핵심 — 아이가 여자에게서 태어나고, 남자도 여자에게서 태어나지,
이 탄생의 씻김, 그 작고 큰 것의 하나됨, 그리고 다시 빠져나가는 길.
여자들아, 부끄러워하지 말길, 너희의 특권이 모든 걸 감싸고, 모든 것의
 출구니,
너희는 몸의 문이고 너희는 영혼의 문이니.

여성은 모든 성질을 품고, 그것들을 부드럽게 만들어,
그녀는 제자리에 있고, 완벽한 균형을 맞추며 움직여,
그녀는 모든 걸 적절히 감추고,
그녀는 수동적이면서도 능동적이야,
딸도 낳고 아들도 낳을 수 있고, 아들과 딸 모두를 낳을 수도 있으니 말이야.

내가 내 영혼을 자연에서 보듯이,
내가 안개 속에서 보듯이, 말로 다 할 수 없는 온전함과 건강함, 아름다움을
    지닌 이가,
보여, 살며시 숙인 머리와 가슴을 감싼 팔, 그 여성이 내게 보여.

6
남성은 덜하지도 더하지도 않은 영혼이야, 그도 제자리에 있지,
그도 모든 성질을 지녔고, 그는 행동이고 힘이야,
이 거대한 우주의 솟구침이 그 안에 있어,
경멸이 그에게 잘 어울리고, 욕망과 반항도 그에게 잘 어울리지,
가장 거칠고 거대한 열정, 극한의 기쁨과 극한의 슬픔도 잘 어울려, 자부심이
    그에게 있고,
한껏 펼쳐진 남자의 자부심은 영혼을 진정시키고 아름답게 해,
지식은 그에게 잘 어울려, 그는 항상 그것을 좋아하고, 모든 것으로 자신을
    시험해,
어떤 측량이든, 어떤 바다든 어떤 돛이든, 결국 그는 여기서만 수심을
    측량하지,
(그가 수심을 측량하는 곳이 여기 말고 어디 있을까?)

남자의 몸은 신성하고 여자의 몸도 신성하지,
누구든 상관없어, 몸은 신성해 ─ 노동자들 사이에서 가장 초라한
    사람일지라도?
방금 부둣가에 내린, 멍한 얼굴의 이민자일지라도?

모두가 여기 속해, 어디든 마찬가지야, 부유한 사람 못지않게,
      너 못지않게,
모두가 이 행렬에서 자기 자리를 가지고 있지.

(모든 게 행렬이야,
우주는 한결같고 완벽한 움직임을 지닌 행렬이야.)

너는 가장 초라한 사람을 무식하다고 할 만큼 자신을 잘 알아?
너는 제대로 볼 자격이 있고, 그나 그녀는 볼 자격이 없다고 생각해?
그렇게 생각해? 흩어져 떠다니던 물질이 응집하고, 흙이 지표면에
      있고, 물이 흐르고, 나무와 풀이 자라나는 게,
오로지 너만을 위한 거고, 그들을 위한 건 아니라고?

7
경매에 나온 남자의 몸,
(전쟁이 나기 전 나는 종종 노예 시장에 가서 그 광경을 지켜보곤 해,)
나는 경매인을 거들어, 그 게으른 놈은 자기 일이 뭔지도 몰라.

남자들아, 이 경이로움을 봐,
입찰자가 얼마를 부르든 그 가치에 결코 미치지 못해,
이것을 위해 지구는 수십 경 년 동안 준비했어, 동물도 식물도 하나 없이,
이것을 위해 회전하는 주기는 한결같이 돌고 돈 거야.

이 머리 안에는 모든 걸 꿰뚫는 두뇌가 있고,
그 속과 아래에는 영웅을 만들어내는 힘이 있지.
이 팔다리를 살펴봐, 붉든, 검든, 희든, 힘줄과 신경이 아주 정교하지,
이 모든 것이 드러날 거야, 직접 봐,
절묘한 감각, 생기로 빛나는 눈, 배짱, 의지,
갈라진 가슴 근육들, 유연한 척추와 목, 탄탄한 살, 적당한 크기의 팔과

다리,
그리고 그 안의 더 많은 경이로움.

그 안에 피가 흘러,
오래 흘러온 바로 그 피! 붉게 흐르는 바로 그 피!
거기서 심장이 부풀고 분출해, 거기 모든 열정, 욕망, 손길, 염원이,
(응접실이나 강의실에서 그것들을 이야기하지 않는다고 거기 없는 거라고
　　　생각해?)

이건 한 남자만이 아니야, 이 남자는 차례로 아버지가 될 사람들의
　　　아버지야,
그에게서 번성하는 나라와 부유한 공화국들이 시작되고,
그에게서 수많은 형상과 기쁨들을 지닌 수많은 불멸의 삶들이 태어나지,

여러 세기에 걸쳐서 그의 자손의 자손 중에서 누가 태어날지 어떻게
　　　알 수 있을까?
(여러 세기를 거슬러 올라갈 수 있다면, 너 자신은 누구에게서 태어났는지
　　　알 수 있을까?)

8
경매에 나온 여자의 몸,
그녀도 그녀 자신만이 아니야, 수많은 어머니들의 어머니야,
그녀는 자라나서 어머니들의 벗이 될 존재들을 품은 사람이야.

여자의 몸을 사랑해본 적 있어?
남자의 몸을 사랑해본 적 있어?
이 몸들이 지구상의 모든 사람, 모든 나라, 모든 시대에 정확히
　　　똑같다는 걸 모르겠어?

무엇이든 신성한 것이 있다면, 인간의 몸이 신성하지,
그리고 남자의 영광과 달콤함은 때묻지 않은 남성성의 증표지,
그리고 남자든 여자든, 깨끗하고 강하고 단단한 몸은 가장 아름다운
    얼굴보다 더 아름답지.

살아 있는 자기 몸을 망쳐버린 어리석은 남자를 본 적 있어? 살아 있는
    자기 몸을 망쳐버린 어리석은 여자는?
그들은 감추지 않아, 자신을 감출 수도 없지.

9

아, 내 몸! 나는 너와 같은 존재들을 다른 남자와 여자들 속에서도, 너의
    모든 부분 속에서도 저버릴 수 없어, 나는 믿어, 너와 같은 존재들이
    영혼의 존재들과 함께 서고 쓰러진다고, (그리고 그들이 곧
    영혼이라고,)
나는 믿어, 너와 같은 존재들이 내 시와 함께 서고 쓰러질 거라고, 그리고
    그들이 곧 내 시라고,
남자의, 여자의, 아이의, 청년의, 아내의, 남편의, 어머니의, 아버지의, 젊은
    남자의, 젊은 여자의 시라고,
머리, 목, 머리카락, 귀, 귓불과 귓바퀴,
눈, 속눈썹, 눈동자, 눈썹, 그리고 눈꺼풀의 깨어 있음과 잠듦,
입, 혀, 입술, 이빨, 입천장, 턱, 그리고 턱관절,
코, 콧구멍, 그리고 그 사이의 막,
뺨, 관자놀이, 이마, 턱 끝, 뒷목, 목덜미,
튼튼한 어깨, 남자다운 수염, 견갑골, 어깨 뒷면, 그리고 넉넉한 가슴 옆
    곡선,
위팔, 겨드랑이, 팔꿈치 관절, 아래팔, 팔 힘줄, 팔뼈,
손목과 손목 관절, 손, 손바닥, 손마디, 엄지손가락, 검지손가락, 손가락
    관절, 손톱,
넓은 가슴 정면, 곱슬거리는 가슴 털, 가슴뼈, 가슴 옆면,

갈비뼈, 배, 척추, 척추 관절,

엉덩이, 엉덩이 관절, 엉덩이의 힘, 안팎으로 둥근 선, 고환과 음경,

튼튼한 넓적다리, 몸통을 든든히 받치는,

다리 근육, 무릎, 슬개골, 윗다리, 아랫다리,

발목, 발등, 복숭아뼈, 발가락, 발가락 관절, 뒤꿈치,

모든 자세, 모든 균형 잡힌 선들, 내 몸과 네 몸, 혹은 남자든 여자든 모든
    이의 몸에 속한 모든 것들,

허파 해면, 위낭, 깨끗하고 향기로운 창자,

두개골 속 주름 잡혀 있는 뇌,

공감, 심장 판막, 입천장 판막, 성애, 모성,

여성성과 여자의 모든 것, 그리고 여자에게서 태어난 남자,

자궁, 젖가슴, 젖꼭지, 모유, 눈물, 웃음, 흐느낌, 사랑의 시선, 사랑의
    떨림과 솟구침,

목소리, 발음, 말투, 속삭임, 큰 외침,

음식, 음료, 맥박, 소화, 땀, 잠, 걸음, 헤엄,

엉덩이의 균형, 뛰어오름, 기댐, 껴안음, 팔로 휘감고 조임,

입가와 눈가 주름의 끊임없는 변화,

피부, 그을린 색, 주근깨, 머리칼,

맨 살결을 만질 때 손에서 느껴지는 신비로운 공감,

강줄기처럼 도는 숨결, 그리고 들숨과 날숨,

허리와 이어지는 엉덩이, 그리고 거기서 무릎을 향해 내려가는 아름다움,

네 몸에도, 내 몸에도 있는 얇고 붉은 젤리 같은 것들, 뼈와 뼛속 골수,

절묘하게 구현된 건강함,

아, 나는 말하지, 이 모든 것이 몸뿐 아니라, 영혼의 일부이고 시라고.

아, 나는 지금 말하지, 이것들이 곧 영혼이라고!

I Sing the Body Electric

1

I sing the body electric,
The armies of those I love engirth me and I engirth them,
They will not let me off till I go with them, respond to them,
And discorrupt them, and charge them full with the charge of the soul.

Was it doubted that those who corrupt their own bodies conceal themselves?
And if those who defile the living are as bad as they who defile the dead?
And if the body does not do fully as much as the soul?
And if the body were not the soul, what is the soul?

2

The love of the body of man or woman balks account, the body itself balks account,
That of the male is perfect, and that of the female is perfect.

The expression of the face balks account,
But the expression of a well-made man appears not only in his face,
It is in his limbs and joints also, it is curiously in the joints of his hips and wrists,
It is in his walk, the carriage of his neck, the flex of his waist and knees, dress does not hide him,

The strong sweet quality he has strikes through the cotton and
	broadcloth,
To see him pass conveys as much as the best poem, perhaps more,
You linger to see his back, and the back of his neck and
	shoulder-side.

The sprawl and fulness of babes, the bosoms and heads of women,
	the folds of their dress, their style as we pass in the street,
	the contour of their shape downwards,
The swimmer naked in the swimming-bath, seen as he swims
	through the transparent green-shine, or lies with his face
	up and rolls silently to and fro in the heave of the water,
The bending forward and backward of rowers in row-boats, the
	horseman in his saddle,
Girls, mothers, house-keepers, in all their performances,
The group of laborers seated at noon-time with their open
	dinner-kettles, and their wives waiting,
The female soothing a child, the farmer's daughter in the garden
	or cow-yard,
The young fellow hoeing corn, the sleigh-driver driving his six
	horses through the crowd,
The wrestle of wrestlers, two apprentice-boys, quite grown, lusty,
	good-natured, native-born, out on the vacant lot at
	sundown after work,
The coats and caps thrown down, the embrace of love and
	resistance,
The upper-hold and under-hold, the hair rumpled over and
	blinding the eyes;
The march of firemen in their own costumes, the play of
	masculine muscle through clean-setting trowsers and

waist-straps,
The slow return from the fire, the pause when the bell strikes suddenly again, and the listening on the alert,
The natural, perfect, varied attitudes, the bent head, the curv'd neck and the counting;
Such-like I love — I loosen myself, pass freely, am at the mother's breast with the little child,
Swim with the swimmers, wrestle with wrestlers, march in line with the firemen, and pause, listen, count.

3

I knew a man, a common farmer, the father of five sons,
And in them the fathers of sons, and in them the fathers of sons.

This man was of wonderful vigor, calmness, beauty of person,
The shape of his head, the pale yellow and white of his hair and beard, the immeasurable meaning of his black eyes, the richness and breadth of his manners,
These I used to go and visit him to see, he was wise also,
He was six feet tall, he was over eighty years old, his sons were massive, clean, bearded, tan-faced, handsome,
They and his daughters loved him, all who saw him loved him,
They did not love him by allowance, they loved him with personal love,
He drank water only, the blood show'd like scarlet through the clear-brown skin of his face,
He was a frequent gunner and fisher, he sail'd his boat himself, he had a fine one presented to him by a ship-joiner, he had fowling-pieces presented to him by men that loved

him,
When he went with his five sons and many grand-sons to hunt or
    fish, you would pick him out as the most beautiful and
    vigorous of the gang,
You would wish long and long to be with him, you would wish to
    sit by him in the boat that you and he might touch each
    other.

4

I have perceiv'd that to be with those I like is enough,
To stop in company with the rest at evening is enough,
To be surrounded by beautiful, curious, breathing, laughing flesh
    is enough,
To pass among them or touch any one, or rest my arm ever so
    lightly round his or her neck for a moment, what is this
    then?
I do not ask any more delight, I swim in it as in a sea.

There is something in staying close to men and women and looking
    on them, and in thecontact and odor of them, that pleases
    the soul well,
All things please the soul, but these please the soul well.

5

This is the female form,
A divine nimbus exhales from it from head to foot,
It attracts with fierce undeniable attraction,
I am drawn by its breath as if I were no more than a helpless

vapor, all falls aside but myself and it,
Books, art, religion, time, the visible and solid earth, and what was expected of heaven or fear'd of hell, are now consumed,

Mad filaments, ungovernable shoots play out of it, the response likewise ungovernable,
Hair, bosom, hips, bend of legs, negligent falling hands all diffused, mine too diffused,
Ebb stung by the flow and flow stung by the ebb, love-flesh swelling and deliciously aching,
Limitless limpid jets of love hot and enormous, quivering jelly of love, white-blow and delirious juice,
Bridegroom night of love working surely and softly into the prostrate dawn,
Undulating into the willing and yielding day,
Lost in the cleave of the clasping and sweet-flesh'd day.

This the nucleus — after the child is born of woman, man is born of woman,
This the bath of birth, this the merge of small and large, and the outlet again.

Be not ashamed women, your privilege encloses the rest, and is the exit of the rest,
You are the gates of the body, and you are the gates of the soul.

The female contains all qualities and tempers them,
She is in her place and moves with perfect balance,
She is all things duly veil'd, She is both passive and active,
She is to conceive daughters as well as sons, and sons as well as

daughters.

As I see my soul reflected in Nature,
As I see through a mist, One with inexpressible completeness,
    sanity, beauty,
See the bent head and arms folded over the breast, the Female
    I see.

6

The male is not less the soul nor more, he too is in his place,
He too is all qualities, he is action and power,
The flush of the known universe is in him,
Scorn becomes him well, and appetite and defiance become him
    well,
The wildest largest passions, bliss that is utmost, sorrow that is
    utmost become him well, pride is for him,
The full-spread pride of man is calming and excellent to the soul,
Knowledge becomes him, he likes it always, he brings every thing
    to the test of himself,
Whatever the survey, whatever the sea and the sail he strikes
    soundings at last only here,
(Where else does he strike soundings except here?)

The man's body is sacred and the woman's body is sacred,
No matter who it is, it is sacred — is it the meanest one in the
    laborers' gang?
Is it one of the dull-faced immigrants just landed on the wharf?
Each belongs here or anywhere just as much as the well-off, just
    as much as you,

Each has his or her place in the procession.

(All is a procession,
The universe is a procession with measured and perfect motion.)

Do you know so much yourself that you call the meanest ignorant?
Do you suppose you have a right to a good sight, and he or she
    has no right to a sight?
Do you think matter has cohered together from its diffuse float,
    and the soil is on the surface, and water runs and
    vegetation sprouts,
For you only, and not for him and her?

7

A man's body at auction,
(For before the war I often go to the slave-mart and watch the
    sale,)
I help the auctioneer, the sloven does not half know his business.

Gentlemen look on this wonder,
Whatever the bids of the bidders they cannot be high enough for it,
For it the globe lay preparing quintillions of years without one
    animal or plant,
For it the revolving cycles truly and steadily roll'd.

In this head the all-baffling brain,
In it and below it the makings of heroes.

Examine these limbs, red, black, or white, they are cunning

in tendon and nerve,
They shall be stript that you may see them.

Exquisite senses, life-lit eyes, pluck, volition,
Flakes of breast-muscle, pliant backbone and neck, flesh not
    flabby, good-sized arms and legs,
And wonders within there yet.

Within there runs blood,
The same old blood! the same red-running blood!
There swells and jets a heart, there all passions, desires, reachings,
    aspirations,
(Do you think they are not there because they are not express'd in
    parlors and lecture-rooms?)

This is not only one man, this the father of those who shall be
    fathers in their turns,
In him the start of populous states and rich republics,
Of him countless immortal lives with countless embodiments and
    enjoyments.

How do you know who shall come from the offspring of his off-
    spring through the centuries?
(Who might you find you have come from yourself, if you could
    trace back through the centuries?)

8
A woman's body at auction,
She too is not only herself, she is the teeming mother of mothers,

She is the bearer of them that shall grow and be mates to the
 mothers.

Have you ever loved the body of a woman?
Have you ever loved the body of a man?
Do you not see that these are exactly the same to all in all nations
 and times all over the earth?

If any thing is sacred the human body is sacred,
And the glory and sweet of a man is the token of manhood
 untainted,
And in man or woman a clean, strong, firm-fibred body, is more
 beautiful than the most beautiful face.

Have you seen the fool that corrupted his own live body? or the
 fool that corrupted her own live body?
For they do not conceal themselves, and cannot conceal themselves.

9

O my body! I dare not desert the likes of you in other men and
 women, nor the likes of the parts of you,
I believe the likes of you are to stand or fall with the likes of the
 soul, (and that they are the soul,)
I believe the likes of you shall stand or fall with my poems, and
 that they are my poems,
Man's, woman's, child's, youth's, wife's, husband's, mother's,
 father's, young man's, young woman's poems,
Head, neck, hair, ears, drop and tympan of the ears,
Eyes, eye-fringes, iris of the eye, eyebrows, and the waking or

sleeping of the lids,
Mouth, tongue, lips, teeth, roof of the mouth, jaws, and the jaw-
hinges,
Nose, nostrils of the nose, and the partition,
Cheeks, temples, forehead, chin, throat, back of the neck, neck-
slue,
Strong shoulders, manly beard, scapula, hind-shoulders, and the
ample side-round of the chest,
Upper-arm, armpit, elbow-socket, lower-arm, arm-sinews, arm-
bones,
Wrist and wrist-joints, hand, palm, knuckles, thumb, forefinger,
finger-joints, finger-nails,
Broad breast-front, curling hair of the breast, breast-bone, breast-
side,
Ribs, belly, backbone, joints of the backbone,
Hips, hip-sockets, hip-strength, inward and outward round, man-
balls, man-root,
Strong set of thighs, well carrying the trunk above,
Leg fibres, knee, knee-pan, upper-leg, under-leg,
Ankles, instep, foot-ball, toes, toe-joints, the heel;
All attitudes, all the shapeliness, all the belongings of my or your
body or of any one's body, male or female,
The lung-sponges, the stomach-sac, the bowels sweet and clean,
The brain in its folds inside the skull-frame,
Sympathies, heart-valves, palate-valves, sexuality, maternity,
Womanhood, and all that is a woman, and the man that comes
from woman,
The womb, the teats, nipples, breast-milk, tears, laughter, weeping,
love-looks, love-perturbations and risings,
The voice, articulation, language, whispering, shouting aloud,

Food, drink, pulse, digestion, sweat, sleep, walking, swimming,
Poise on the hips, leaping, reclining, embracing, arm-curving and
    tightening,
The continual changes of the flex of the mouth, and around the
    eyes,
The skin, the sunburnt shade, freckles, hair,
The curious sympathy one feels when feeling with the hand the
    naked meat of the body,
The circling rivers the breath, and breathing it in and out,
The beauty of the waist, and thence of the hips, and thence
    downward toward the knees,
The thin red jellies within you or within me, the bones and the
    marrow in the bones,
The exquisite realization of health;
O I say these are not the parts and poems of the body only, but
    of the soul,
O I say now these are the soul!

한 여자가 나를 기다려

한 여자가 나를 기다려, 그녀는 모든 걸 담고 있어, 하나도 빠짐 없이,
하지만 섹스가 없다면, 맞는 남자의 젖음이 없다면, 모든 게 빠진 거야.

섹스는 모든 걸 담고 있어, 몸도, 영혼도,
의미, 증거들, 순수함, 섬세함, 결과, 선포,
노래들, 명령들, 건강, 자부심, 모성의 신비, 우윳빛 정액
이 땅의 모든 희망, 축복, 선물, 모든 열정, 사랑, 아름다움, 기쁨,
이 땅의 모든 정부, 판사, 신, 추앙 받는 사람들,
이 모두가 섹스 안에 있어, 섹스 그 자체의 일부이자 섹스를 정당화하는
      이유로.

내가 좋아하는 남자는 부끄러움 없이 자기 섹스의 황홀함을 알고
      인정하지,
내가 좋아하는 여자도 그래, 부끄러움 없이 자기가 가진 걸 알고 자랑하지.

이제 나는 무덤덤한 여자들을 떠날 거야,
나를 기다리는 여자 곁에, 그리고 나에게 충분히 뜨겁고 살아 있는
      여자들 곁에 머물 거야,
그녀들이 나를 이해하고 부정하지 않는다는 걸 알아,
그녀들이 내게 어울리는 존재라는 걸 알아, 나는 그들의 든든한 남편이
      될 거야.

그녀들은 나보다 조금도 덜하지 않아,
그녀들의 얼굴은 빛나는 태양과 부는 바람에 그을렸고,
그녀들의 살결엔 원숙한 신의 유연함과 힘이 있어,
그녀들은 수영하고, 노 젓고, 말 타고, 레슬링하고,
사격하고, 달리고, 치고, 물러나고, 나아가고, 버티고, 자신을 지킬 줄

알아.
그녀들은 자기 삶의 끝자락까지 자기 권리로 서 있어 — 차분하고,
 또렷하고, 자신을 잘 알고 있어.

나는 너희에게 가까이 다가가, 여자들아,
너희를 보내고 싶지 않아, 너희에게 잘해주고 싶어,
나는 너희를 위하고, 너희도 나를 위하지, 우리만을 위한 게 아니라,
 다른 사람들을 위한 거야,
너희 속엔 더 위대한 영웅들과 시인들이 잠들어 있어,
그들은 나 말고는 누구의 손길에도 깨어나지 않지.

그게 나야, 여자들아, 내가 이 길을 가는 거야,
나는 거칠고, 날카롭고, 크고, 절대 물러서지 않지만, 너희들을 사랑해,
너희에게 꼭 필요한 만큼만 아프게 할 뿐이야,
나는 이 나라의 아들과 딸들을 낳게 할 그 물질을 부어, 천천히 밀어붙이는,
 거친 근육으로,
몸을 단단히 조이고, 애원엔 귀 기울이지 않아,
내 속에 오랫동안 쌓인 걸 다 내놓기 전엔 결코 멈추지 않아.

너희를 통해 내 속에 고여 있던 강물을 다 흘려 보내,
너희 속에 천 년의 세월을 감싸,
너희 위에 내가 가장 사랑하는 나와 아메리카를 접붙여,
너희 위에 흘리는 이 방울방울이 힘차고 건강한 소녀들로, 새로운
 예술가들, 음악가들, 가수들로 자랄 거야,
내가 너희와 낳는 아이들은 또다시 아이들을 낳을 거야,
나는 바랄 거야, 내 사랑의 분출에서 완전한 남자와 여자를,
나는 기다릴 거야, 지금 너와 내가 서로에게 스며들 듯이, 그들도 서로
 스며들기를,
나는 기대할 거야, 지금 내가 쏟는 넘치는 샘물의 열매들을 기대하듯이,
 그들에게서 넘치는 샘물의 열매들을,

나는 고대할 거야, 지금 내가 이렇게 다정히 심는 탄생과 삶, 죽음과
영원에게서 사랑스러운 작물을.

A Woman Waits for Me

A WOMAN waits for me, she contains all, nothing is lacking,
Yet all were lacking if sex were lacking, or if the moisture of the
    right man were lacking.

Sex contains all, bodies, souls,
Meanings, proofs, purities, delicacies, results, promulgations,
Songs, commands, health, pride, the maternal mystery, the seminal
    milk,
All hopes, benefactions, bestowals, all the passions, loves, beauties,
delights of the earth,
All the governments, judges, gods, follow'd persons of the earth,
These are contain'd in sex as parts of itself and justifications of
    itself.

Without shame the man I like knows and avows the deliciousness
    of his sex,
Without shame the woman I like knows and avows hers.

Now I will dismiss myself from impassive women,
I will go stay with her who waits for me, and with those women
    that are warm-blooded and sufficient for me,
I see that they understand me and do not deny me,
I see that they are worthy of me, I will be the robust husband
    of those women.

They are not one jot less than I am,
They are tann'd in the face by shining suns and blowing winds,

Their flesh has the old divine suppleness and strength,
They know how to swim, row, ride, wrestle, shoot, run, strike,
    retreat, advance, resist, defend themselves,
They are ultimate in their own right — they are calm, clear,
    well-possess'd of themselves.

I draw you close to me, you women,
I cannot let you go, I would do you good,
I am for you, and you are for me, not only for our own sake, but
    for others' sakes,
Envelop'd in you sleep greater heroes and bards,
They refuse to awake at the touch of any man but me.

It is I, you women, I make my way,
I am stern, acrid, large, undissuadable, but I love you,
I do not hurt you any more than is necessary for you,
I pour the stuff to start sons and daughters fit for these States, I
    press with slow rude muscle,
I brace myself effectually, I listen to no entreaties,
I dare not withdraw till I deposit what has so long accumulated
    within me.

Through you I drain the pent-up rivers of myself,
In you I wrap a thousand onward years,
On you I graft the grafts of the best-beloved of me and America,
The drops I distil upon you shall grow fierce and athletic girls,
    new artists, musicians, and singers,
The babes I beget upon you are to beget babes in their turn,
I shall demand perfect men and women out of my love-spendings,
I shall expect them to interpenetrate with others, as I and you

> interpenetrate now,
> I shall count on the fruits of the gushing showers of them, as I
> count on the fruits of the gushing showers I give now,
> I shall look for loving crops from the birth, life, death, immortality,
> I plant so lovingly now.

자연스러운 나

자연스러운 나, 자연,
사랑스러운 날, 떠오르는 태양, 함께하면 기쁜 친구,
내 어깨 위에 편히 걸친 친구의 팔,
마가목 꽃이 하얗게 수놓은 언덕,
늦은 가을에도 마찬가지, 붉고, 노랗고, 생기 없고, 보랏빛, 그리고 밝고
    어두운 초록의 색조들,
풀과 동물과 새들이 만든 풍성한 이불, 풀숲 우거진 비밀스런 강둑,
    원시적인 사과들, 조약돌들,
아름답게 흘러내리는 조각들, 생각나는 대로 하나하나 떠올리거나
    불러보는 느슨한 목록,
진짜 시들, (우리가 부르는 시란 결국 그냥 그림일 뿐,)
밤의 은밀함에 관한, 그리고 나 같은 남자들에 관한 시들,
내가 항상 지닌, 모든 남자들이 지닌, 수줍고 눈에 띄지 않게 고개 숙인
    이 시,
(분명히 알아둬, 나 같은 남자가 있는 곳엔 언제나 정력적인 남성의 시도
    숨어 있다는 걸, 일부러 알리는 거야,)
사랑의 생각들, 사랑의 즙, 사랑의 향, 사랑의 내어줌, 사랑의 덩굴, 그리고
    타고 오르는 수액,
사랑의 팔과 손, 사랑의 입술, 발기한 사랑의 엄지손가락, 사랑의 가슴,
    사랑의 배, 서로 눌려 붙어 있는 배,
순결한 사랑의 대지, 사랑 후에야 진짜 생명이 되는 생명,
내 사랑의 몸, 내가 사랑하는 여자의 몸, 남자의 몸, 대지의 몸,
남서쪽에서 불어오는 부드러운 아침 바람,
윙윙거리며 위아래를 배회하며, 완전히 핀 암꽃을 움켜쥐고, 사랑에 취한
    단단한 다리로 휘감으며, 욕망을 끝까지 채우고 만족할 때까지,
    떨며 꽉 엉겨 붙은 털북숭이 야생벌,
새벽 내내 젖어 있는 숲,

밤에 꼭 붙어 누워, 한쪽 팔을 비스듬히 아래로 뻗어 서로의 허리를
　　　감싸고 나란히 자는 두 사람,
사과 냄새, 으깬 세이지 잎과 민트, 자작나무 껍질의 향기,
소년의 갈망, 자기가 꾼 꿈을 내게 털어놓으며 내뿜는 그 열기와 압력,
빙글빙글 돌며 땅에 닿을 때까지 고요히 떨어지는 낙엽 하나,
풍경들, 사람들, 물체들로 찌르는 형체 없는 찌름들,
누구보다도 내 중심부를 가장 깊이 찌르는 그 찌름,
민감하고 둥글게 포개진 형제들, 오직 허락된 손길만이 그곳과
　　　친밀해질 수 있는,
호기심 많은 방랑자처럼 온몸을 헤매는 손, 손가락들이 부드럽게
　　　멈추고 살며시 움직일 때 수줍게 움츠러드는 몸,
젊은 남자의 투명한 액체,
너무나 몰두해 고통스러운 속앓이,
그 괴로움, 가라앉지 않을 성난 밀물,
내가 느끼는 같은 감정, 다른 이들에게도 있는 같은 것,
붉게 달아오르고 또 달아오르는 젊은 남자, 붉게 달아오르고 또 달아오르는
　　　젊은 여자,
깊은 밤 깨어나 자신을 장악하려는 그것을 뜨거운 손을 뻗어 억누르려
　　　애쓰는 젊은 남자,
신비로운 육욕의 밤, 낯설지만 왠지 반가운 격렬한 고통, 상상과 식은땀,
손바닥을 타고 뛰는 맥박과 떨며 모으는 손가락, 벌겋게 상기되고, 부끄러워
　　　찌푸린 젊은 남자.
벌거벗고 기꺼이 누워 있는 나를 덮치는 내 연인, 바다,
햇빛 속에서 잔디 위를 기어가는 쌍둥이 아기들의 기쁨, 그들을 한순간도
　　　눈에서 떼지 않는 어머니,
호두나무 기둥, 그 껍질들, 익어가거나 익은 둥근 호두알들,
채소들, 새들과 짐승들의 절제,
숨어버리거나 자신을 부끄러워하면 생기는 내 하찮음, 하지만 단 한 번도
　　　숨어버리거나 자신을 부끄러워하지 않는 짐승들과 새들,
모성애의 그것에 견줄 만한 부성애의 위대한 순결함,

아이를 낳겠다고 한 내 맹세, 내 아담의 새로운 딸들,
내가 끝났을 때 내 자리를 대신할 소년들을 낳게 하는 것이 가득 찰 때까지,
      밤낮으로 나를 게걸스레 갉아먹는 갈망,
마침내 건강한 안도, 쉼과 만족,
그리고 내 안에서 아무렇게나 뽑아낸 이 한 덩이,
다 끝났어 ― 나는 그걸 무심히 내던져 어디든 떨어지게 하지.

Spontaneous Me

SPONTANEOUS me, Nature,
The loving day, the mounting sun, the friend I am happy with,
The arm of my friend hanging idly over my shoulder,
The hillside whiten'd with blossoms of the mountain ash,
The same late in autumn, the hues of red, yellow, drab, purple,
    and light and dark green,
The rich coverlet of the grass, animals and birds, the private
    untrimm'd bank, the primitive apples, the pebble-stones,
Beautiful dripping fragments, the negligent list of one after another
    as I happen to call them to me or think of them,
The real poems, (what we call poems being merely pictures,)
The poems of the privacy of the night, and of men like me,
This poem drooping shy and unseen that I always carry, and that
    all men carry,
(Know once for all, avow'd on purpose, wherever are men like
    me, are our lusty lurking masculine poems,)
Love-thoughts, love-juice, love-odor, love-yielding, love-climbers,
    and the climbing sap,
Arms and hands of love, lips of love, phallic thumb of love, breasts
    of love, bellies press'd and glued together with love,
Earth of chaste love, life that is only life after love,
The body of my love, the body of the woman I love, the body
    of the man, the body of the earth,
Soft forenoon airs that blow from the south-west,
The hairy wild-bee that murmurs and hankers up and down, that
    gripes the full-grown lady-flower, curves upon her with
    amorous firm legs, takes his will of her, and holds himself

tremulous and tight till he is satisfied;
The wet of woods through the early hours,
Two sleepers at night lying close together as they sleep, one with an arm slanting down across and below the waist of the other,
The smell of apples, aromas from crush'd sage-plant, mint, birch-bark,
The boy's longings, the glow and pressure as he confides to me what he was dreaming,
The dead leaf whirling its spiral whirl and falling still and content to the ground,
The no-form'd stings that sights, people, objects, sting me with,
The hubb'd sting of myself, stinging me as much as it ever can any one,
The sensitive, orbic, underlapp'd brothers, that only privileged feelers may be intimate where they are,
The curious roamer the hand roaming all over the body, the bashful withdrawing of flesh where the fingers soothingly pause and edge themselves,
The limpid liquid within the young man,
The vex'd corrosion so pensive and so painful,
The torment, the irritable tide that will not be at rest,
The like of the same I feel, the like of the same in others,
The young man that flushes and flushes, and the young woman that flushes and flushes,
The young man that wakes deep at night, the hot hand seeking to repress what would master him,
The mystic amorous night, the strange half-welcome pangs, visions, sweats,
The pulse pounding through palms and trembling encircling fingers, the young man all color'd, red, ashamed, angry;

The souse upon me of my lover the sea, as I lie willing and naked,
The merriment of the twin babes that crawl over the grass in the sun, the mother never turning her vigilant eyes from them,
The walnut-trunk, the walnut-husks, and the ripening or ripen'd long-round walnuts,
The continence of vegetables, birds, animals,
The consequent meanness of me should I skulk or find myself indecent, while birds and animals never once skulk or find themselves indecent,
The great chastity of paternity, to match the great chastity of maternity,
The oath of procreation I have sworn, my Adamic and fresh daughters,
The greed that eats me day and night with hungry gnaw, till I saturate what shall produce boys to fill my place when I am through,
The wholesome relief, repose, content,
And this bunch pluck'd at random from myself,
It has done its work — I toss it carelessly to fall where it may.

광기와 기쁨의 한 시간

광기와 기쁨의 한 시간! 아, 격정! 아, 날 가두지 마!
(폭풍 속에서 날 이렇게나 해방시키는 건 뭘까?
번개와 격렬한 바람 속 내 외침은 뭘 의미하는 걸까?)

아, 누구보다 더 깊이 취하는 것 이 신비한 황홀에!
아, 거칠고도 다정한 이 갈망들! (내 아이들아, 나는 이걸 너희에게 남겨,
아 신랑과 신부야, 이유가 있어서 이걸 말해주는 거야.)

아, 네가 누구든 너에게 나를 온전히 내맡기고, 세상 따위 상관없이 너도
    내게 몸을 맡기는 것!
아, 다시 낙원으로 돌아가는 것! 아, 수줍고도 여성스러운!
아, 널 끌어당기는 것, 단호한 남자의 입술을 처음으로 네게 얹는 것.

아, 전부 풀리고 밝혀진 수수께끼, 세 겹으로 묶인 매듭, 깊고 어두운
    웅덩이!
아, 마침내 넉넉한 공간과 공기 속으로 달려가는 것!
과거의 얽매임과 규칙에서 해방되는 것, 나는 나의 것에서, 너는 너의
    것에서!
자연의 가장 좋은 것들과 함께, 이전엔 상상도 못한 태평함을 찾는 것!
내 입에 씌워진 재갈이 벗겨지는 것!
오늘이든 어느 날이든, 지금의 나로 충분하다고 느끼는 것!

아, 아직 증명되지 않은 것! 아, 황홀에 빠진 것!
남들이 내게 씌운 닻과 속박에서 완전히 달아나는 것!
자유롭게 몰아치고! 자유롭게 사랑하고!
무모하고 위험하게 질주하는 것!
파멸을 조롱하고 유혹하며 맞이하는 것!

내게 나타난 사랑의 하늘로 솟구치고 나아가는 것!
취한 내 영혼을 이끌고 그곳으로 오르는 것!
그래야 한다면 길을 잃는 것!
남은 삶을 단 한 시간의 충만과 자유로 채우는 것!
단 한 시간의 광기와 기쁨으로.

ONE Hour to Madness and Joy

ONE hour to madness and joy! O furious! O confine me not!
(What is this that frees me so in storms?
What do my shouts amid lightnings and raging winds mean?)

O to drink the mystic deliria deeper than any other man!
O savage and tender achings! (I bequeath them to you my
    children,
I tell them to you, for reasons, O bridegroom and bride.)

O to be yielded to you whoever you are, and you to be yielded to
    me in defiance of the world!
O to return to Paradise! O bashful and feminine!
O to draw you to me, to plant on you for the first time the lips of
    a determin'd man.

O the puzzle, the thrice-tied knot, the deep and dark pool, all
    untied and illumin'd!
O to speed where there is space enough and air enough at last!
To be absolv'd from previous ties and conventions, I from mine
    and you from yours!
To find a new unthought-of nonchalance with the best of Nature!

To have the gag remov'd from one's mouth!
To have the feeling to-day or any day I am sufficient as I am.

O something unprov'd! something in a trance!
To escape utterly from others' anchors and holds!

To drive free! to love free!

To dash reckless and dangerous!

To court destruction with taunts, with invitations!

To ascend, to leap to the heavens of the love indicated to me!

To rise thither with my inebriate soul!

To be lost if it must be so!

To feed the remainder of life with one hour of fulness and freedom!

With one brief hour of madness and joy.

굽이치는 바다의 몸뚱이에서

굽이치는 바다의 몸뚱이에서 바닷물 한 방울이 조용히 내게 와,
속삭였지, 사랑해, 나는 곧 죽을 거야,
그저 널 보려고, 널 만지려고, 먼 곳에서 왔어,
널 한 번 보기 전까진 죽을 수 없었어,
언젠가 널 잃어버릴까 봐 두려웠거든.

이제 우리는 만났고, 서로를 보았으니, 우리는 괜찮아,
내 사랑, 바다로 평안히 돌아가,
내 사랑, 나도 그 바다의 일부야, 우린 그리 멀리 떨어진 게 아니야,
봐, 이 거대한 원형, 이 모든 것의 결합을, 정말 완벽해!
하지만 나와 너에게, 이 바다는 우릴 갈라놓는 거야,
잠시 동안 우릴 따로 데려가지만, 영원히 따로 데려갈 순 없어,
초조해하지 마 — 작은 공간일 뿐 — 이걸 알아줘, 내가 매일 해질녘, 너를 위해,
하늘과 바다와 땅에 인사를 한다는 걸 내 사랑.

Out of the Rolling Ocean the Crowd

OUT of the rolling ocean the crowd came a drop gently to me,
Whispering *I love you, before long I die,*
I have travel'd a long way merely to look on you to touch you,
For I could not die till I once look'd on you,
For I fear'd I might afterward lose you.

Now we have met, we have look'd, we are safe,
Return in peace to the ocean my love,
I too am part of that ocean my love, we are not so much
     separated,
Behold the great rondure, the cohesion of all, how perfect!
But as for me, for you, the irresistible sea is to separate us,
As for an hour carrying us diverse, yet cannot carry us diverse
     forever;
Be not impatient — a little space — know you I salute the air, the
     ocean and the land,
Every day at sundown for your dear sake my love.

사이사이 돌아오는 세월과 세월

사이사이 돌아오는 세월과 세월,
파괴되지 않고 떠도는 불멸의 존재,
왕성한, 음경의, 강한 원초적 음부를 지닌, 완벽히 달콤한,
나, 아담의 노래를 부르는 자,
서쪽 새로운 정원 사이로, 위대한 도시들을 부르며,
황홀 속에서, 창조될 것을 예고하며, 이것들을 바치고, 나 자신을 바치며,
내 음부의 자식들, 섹스에 나 자신을 씻고,
내 노래를 씻으며.

Ages and ages returning at intervals

AGES and ages returning at intervals,

Undestroy'd, wandering immortal,

Lusty, phallic, with the potent original loins, perfectly sweet,

I, chanter of Adamic songs,

Through the new garden the West, the great cities calling,

Deliriate, thus prelude what is generated, offering these, offering
    myself,

Bathing myself, bathing my songs in Sex,

Offspring of my loins.

우리 둘, 정말 오랫동안 속았지

우리 둘, 정말 오랫동안 속았지,
이제 변모한 우리는 자연이 도망치듯 빠르게 달아나,
우리가 자연이야, 오래도록 자리를 비웠지만 이제 돌아왔어,
우리는 식물이 되고, 줄기, 잎, 뿌리, 나무껍질이 돼,
우리는 땅속에 뿌리박고, 우리는 바위야,
우리는 떡갈나무가 되고, 틈새에 나란히 자라나,
우리는 풀을 뜯고, 들짐승 떼 속에서 가장 자연스럽게 섞인 한 쌍이야,
우리는 바다를 함께 헤엄치는 한 쌍의 물고기야,
우리는 아카시아꽃 같아, 골목마다 아침저녁으로 향기를 뿌리지,
우리는 짐승과 식물, 광물의 거친 찌꺼기이기도 하지,
우리는 한 쌍의 맹금, 하늘 위로 날며 아래를 내려다봐,
우리는 찬란한 한 쌍의 태양, 둥글고 별 같은 균형을 이루는 존재, 한 쌍의
    혜성 같아,
우리는 송곳니를 지닌 네 발 짐승, 숲속을 배회하고, 먹이를 덮치지,
우리는 오전과 오후 하늘을 몰아가는 한 쌍의 구름,
우리는 뒤섞이는 바다, 즐겁게 서로 뒤엉키고 스며드는 한 쌍의 파도,
우리는 대기야, 투명하고, 받아들이고, 스며들고 막아내기도 하지,
우리는 눈, 비, 추위, 어둠, 우리 각자는 지구 위의 모든 산물이자 영향이야,
우리는 돌고 돌아, 마침내 집으로 돌아온 우리 둘,
우리는 자유 말고는 기쁨 말고는 모두 비워냈지.

WE Two, How Long We Were Fool'd

WE two, how long we were fool'd,
Now transmuted, we swiftly escape as Nature escapes,
We are Nature, long have we been absent, but now we return,
We become plants, trunks, foliage, roots, bark,
We are bedded in the ground, we are rocks,
We are oaks, we grow in the openings side by side,
We browse, we are two among the wild herds spontaneous as
    any,
We are two fishes swimming in the sea together,
We are what locust blossoms are, we drop scent around lanes
    mornings and evenings,
We are also the coarse smut of beasts, vegetables, minerals,
We are two predatory hawks, we soar above and look down,
We are two resplendent suns, we it is who balance ourselves orbic
    and stellar, we are as two comets,
We prowl fang'd and four-footed in the woods, we spring on prey,
We are two clouds forenoons and afternoons driving overhead,
We are seas mingling, we are two of those cheerful waves rolling
    over each other and interwetting each other,
We are what the atmosphere is, transparent, receptive, pervious,
    impervious,
We are snow, rain, cold, darkness, we are each product and
    influence of the globe,
We have circled and circled till we have arrived home again, we
    two,
We have voided all but freedom and all but our own joy.

오 히멘! 오 히메네!◆

오 히멘! 오 히메네! 왜 나를 이렇게 애태우는 거야?
왜 짧게 한번만 찌르고 마는 거야?
왜 계속할 수 없는 거지? 아 왜 이제 멈추는 거야?
그 짧은 순간을 넘기면 정말로 날 죽일까 봐 그런 거야?

◆ "히멘"(Hymenaios 또는 Hymen)은 그리스 신화에서 결혼식 의식의 신이자, 신랑 집으로 신부를 안내하는 과정에서 부르는 결혼 행진가의 화신의 이름을 가리킨다. "히메네"(그리스어로 hymenaie)는 휘트먼 자신이 이 "히멘"을 여성화하여 사용한 것으로 보인다.

O HYMEN! O hymenee!

O HYMEN! O hymenee! why do you tantalize me thus?
O why sting me for a swift moment only?
Why can you not continue? O why do you now cease?
Is it because if you continued beyond the swift moment you
      would soon certainly kill me?

나는 사랑에 아파하는 사람이야

나는 사랑에 아파하는 사람이야.
지구는 끌어당기지? 모든 물질이, 아파하며, 다른 물질을 끌어당기지 않아?
내 몸도 그래, 내가 마주치고 아는 모든 이에게로.

I AM He That Aches with Love

I AM he that aches with amorous love;

Does the earth gravitate? does not all matter, aching, attract all matter?

So the body of me to all I meet or know.

원초적 순간들

원초적 순간들 — 네가 내게 다가올 때 — 아, 너는 지금 여기 있구나,
지금 내게 줘, 욕정 가득한 기쁨만,
내게 줘, 흠뻑 젖은 내 욕망을, 내게 줘, 거칠고 무성한 삶을,
오늘 나는 자연의 연인들과 어울릴 거야, 오늘 밤에도,
나는 자유로운 쾌락을 믿는 사람들 편이야, 젊은이들의 한밤중 광란 속에
      함께 있어,
춤추는 사람들과 춤추고, 술 마시는 사람들과 마셔,
우리의 외설스러운 외침이 메아리로 울려 퍼지고, 나는 천박한 사람을
      가장 소중한 친구로 삼지,
그는 막돼먹고, 거칠고, 무식하겠지, 그가 저지른 짓들 때문에 사람들이
      손가락질 하겠지,
더 이상 연기하지 않을 거야, 왜 내 동료들로부터 나 자신을 떼어놔야 해?
아, 외면 받은 사람들, 나는 적어도 너희들을 외면하지 않아,
지금 당장 너희들 가운데로 나아가, 너희들의 시인이 될 거야,
다른 누구보다 너희들에게 더 많은 걸 줄 거야.

Native Moments

NATIVE moments — when you come upon me — ah you are here now,
Give me now libidinous joys only,
Give me the drench of my passions, give me life coarse and rank,
To-day I go consort with Nature's darlings, to-night too,
I am for those who believe in loose delights, I share the midnight orgies of young men,
I dance with the dancers and drink with the drinkers,
The echoes ring with our indecent calls, I pick out some low person for my dearest friend,
He shall be lawless, rude, illiterate, he shall be one condemn'd by others for deeds done,
I will play a part no longer, why should I exile myself from my companions?
O you shunn'd persons, I at least do not shun you,
I come forthwith in your midst, I will be your poet,
I will be more to you than to any of the rest.

언젠가 인파로 북적이는 도시를 지나면서

언젠가 인파로 북적이는 도시를 지나면서 그 도시의 풍경과 건축, 풍습과
       전통을 훗날을 위해 머릿속에 새겨 넣었지,
하지만 지금 그 도시에서 기억나는 건 내게 반해 나를 붙잡았던
       한 여자뿐이야,
우리는 낮마다 밤마다 함께했고 — 그것 외에 모든 걸 잊은 지 한참 되었어.
나는 열정적으로 나를 끌어안던 그 여자만 기억한다고 말해,
우리는 다시 함께 떠돌고, 사랑하고, 다시 헤어지고,
그녀는 다시 내 손을 꼭 잡아, 나는 떠나면 안 돼,
슬프고 떨리는 입술로 조용히 내 곁에 선 그녀를 봐.

Once I pass'd through a populous city

ONCE I pass'd through a populous city imprinting my brain for
      future use with its shows, architecture, customs, traditions,
Yet now of all that city I remember only a woman I casually met
      there who detain'd me for love of me,
Day by day and night by night we were together — all else has
      long been forgotten by me,
I remember I say only that woman who passionately clung to me,
Again we wander, we love, we separate again,
Again she holds me by the hand, I must not go,
I see her close beside me with silent lips sad and tremulous.

나는 들었어, 너 장엄하고도 달콤한 오르간 소리를

나는 들었어, 너 장엄하고도 달콤한 오르간 소리를 지난 일요일 아침
    교회를 지나며,
가을바람아, 나는 들었어, 해질녘 숲을 걸을 때 위에서 길게 내뱉는
    너무나 애처로운 너의 탄식을,
오페라에서 완벽한 이탈리아 테너의 노래를 들었고, 사중창 속
    소프라노의 노래도 들었어.
내 사랑의 심장아! 내 머리를 받친 손목 중 하나 사이로 낮게 속삭이는
    너의 목소리도 나는 들었어,
모든 것이 고요하던 지난밤, 내 귀 밑에서 작은 종소리처럼 울리던 너의
    맥박 소리도 들었지.

I Heard You Solemn-Sweet Pipes of the Organ

I HEARD you solemn-sweet pipes of the organ as last Sunday morn
    I pass'd the church,
Winds of autumn, as I walk'd the woods at dusk I heard your
    long-stretch'd sighs up above so mournful,
I heard the perfect Italian tenor singing at the opera, I heard the
    soprano in the midst of the quartet singing;
Heart of my love! you too I heard murmuring low through one
    of the wrists around my head,
Heard the pulse of you when all was still ringing little bells last
    night under my ear.

이른 아침의 아담처럼

이른 아침의 아담처럼,
잠에서 깨어 개운한 몸으로 정원을 나서며,
내가 지나가는 걸 봐줘, 내 목소리를 들어줘, 다가와줘,
지나는 나의 몸에 네 손바닥을 대봐,
내 몸을 두려워하지 마.

AS Adam early in the morning

AS Adam early in the morning,

Walking forth from the bower refresh'd with sleep,

Behold me where I pass, hear my voice, approach,

Touch me, touch the palm of your hand to my body as I pass,

Be not afraid of my body.

3부

창포

Calamus

1

인적이 닿지 않은 길에서,
연못 가장자리 수풀 우거진 곳에서,
자신을 드러내는 삶에서,
지금까지 발표된 모든 기준에서 — 벗어나 쾌락, 이익, 순응에서,
너무 오랫동안 내 영혼에게 먹이려 했던 것들에서,
이제 내게 분명한 건 아직 발표되지 않은 기준 — 내게 분명한 건
      내 영혼이,
내가 대변하는 남자의 영혼이, 동료들 속에서만 먹고 기뻐한다는 것,
여기, 나 혼자, 세상의 소란에서 벗어나,
향기로운 말들이 일치하고 발화되는 이곳에서,
더 이상 부끄럽지 않아 — 이 고독한 곳에서 나는 그 어느 곳에서도
      하지 못할 대답을 할 수 있으니까,
내게 강해지는 것이 드러나지 않는 삶, 하지만 모든 것이 들어 있는 삶,
오늘부터는 남성적인 애착에 대한 노래만 부르기로 결심했어,
그 중요한 삶을 따라서 그것들을 전하고,
그렇게, 단단한 사랑의 형태들을 물려줄 거야.
내 마흔한 번째 해, 정말 상쾌한 이 구월 오후,
모든 젊고, 젊었던 남자들에게 가서,
내 밤과 낮의 비밀을 털어놓고,
동료가 필요하다는 걸 되새길 거야.

IN paths untrodden,

In the growth by margins of pond-waters,

Escaped from the life that exhibits itself,

From all the standards hitherto published — from the pleasures, profits, conformities,

Which too long I was offering to feed to my Soul

Clear to me now, standards not yet published — clear to me that my Soul,

That the Soul of the man I speak for, feeds, rejoices only in comrades;

Here, by myself, away from the clank of the world,

Tallying and talked to here by tongues aromatic,

No longer abashed — for in this secluded spot I can respond as I would not dare elsewhere,

Strong upon me the life that does not exhibit itself, yet contains all the rest,

Resolved to sing no songs to-day but those of manly attachment,

Projecting them along that substantial life,

Bequeathing, hence, types of athletic love,

Afternoon, this delicious Ninth Month, in my forty-first year,

I proceed, for all who are, or have been, young men,

To tell the secret of my nights and days,

To celebrate the need of comrades.

II

내 가슴에서 피어난 향기로운 풀잎들아,
난 네게서 자라난 잎들을 내어 주고, 시로 남겨, 나중에는 잘 읽힐 거야,
무덤의 잎, 몸의 잎, 내 위에서, 죽음 위에서 자라는 잎들,
깊이 뿌리내린 잎들, 쭉쭉 자라는 잎들아 — 아, 겨울도 널 얼게 못할 거야,
     여린 잎들아,
너희들은 해마다 다시 피어나겠지 — 시들었던 그곳에서, 다시 세상으로
     나올 거야,
아, 지나가는 많은 사람들이 너희들을 알아볼지, 희미한 향기를 맡아줄지
     모르겠어 — 하지만 몇몇은 분명 그럴 거야,
아, 가느다란 잎들아! 내 피에서 피어난 꽃들아! 너희들 밑에서 뛰는
     마음을 너희의 방식으로 말해도 돼,
아, 타오르고 두근거리는 마음 — 언젠가는 모든 게 분명히 이루어질
     거야,
아, 하지만 너희들이 뭘 뜻하는지 난 모르겠어, 너희들 아래에서 —
     너희들은 행복이 아니야,
때론 너무 쓰라려서 견딜 수 없어 — 너희들은 나를 태우고, 찌르기도
     하니까.
그래도 너희들은 내게 정말 아름다워, 희미한 빛을 띤 뿌리들아 —
     너희들을 보면 죽음이 떠올라,
너희에게는 죽음이 아름다워 — (사랑과 죽음 말고, 진짜 아름다운 게 또
     있을까?)
아, 내가 여기서 부르는 연인들을 위한 노래는 삶을 위한 노래가 아닐지도
     몰라 — 아마도 이 노래는 죽음을 위한 것일 거야,
연인들의 대기 속으로 올라갈수록 얼마나 차분하고 진실해지는지 몰라!
죽음이든 삶이든, 이제 난 상관없어 — 내 영혼은 한 쪽만 고르지 않아,
어쩌면, 소중한 사랑의 영혼은 죽음을 가장 반기는지도 몰라,
정말로, 아 죽음아, 난 이제 이 잎들이 너와 똑같은 의미를 담고 있다고

생각해,
더 높이 자라, 사랑스러운 잎들아, 내가 볼 수 있게! 내 가슴에서 뻗어 올라!
숨겨진 이 마음에서 멀리 뛰어 올라!
수줍은 잎들아, 분홍빛 뿌리 속에 그렇게 몸을 말고 있지 마!
내 가슴에서 자란 풀들아, 그렇게 부끄러워하며 숨어 있지 마!
이리 와, 나는 내 넓은 가슴을 드러내기로 했어 — 너무 오랫동안 억누르고,
        삼켜 왔지,
상징적이고 변덕스러운 풀잎들아, 너희를 놓아 줄게 — 이제 나를 도울
        필요 없어,
가렴! 나는 내가 해야 할 말을 오롯이 하겠어,
남들이 나에게 강요한 가짜 삶에서 벗어나겠어,
나 자신과 내 동료들만 말할 거야 — 다시는 외치지 않을 거야, 그들의
        부름만 따를 거야,
그 부름과 함께 이 나라 곳곳에 영원히 울려 퍼질 메아리를 일으킬 거야,
이 땅 구석구석에 깊이 자리 잡고 뿌리내릴 본보기를 연인들에게 보여줄
        거야.
죽음을 황홀하게 만드는 말들이 나를 통해 전해질 거야,
그러니까 아 죽음아, 네 목소리를 내게 줘, 내가 너와 같이 울릴 수 있게,
너 자신을 내게 줘 — 이제 깨달았어, 넌 이제 무엇보다도 내 것이고,
        무엇보다도 하나로 엮여 있어 — 너, 사랑과 죽음아,
이제 내가 삶이라고 부르던 것으로 네가 나를 더 이상 가로막게 하지 않을
        거야.
이제 깨달았어, 결국 네가 모든 것의 핵심이라는 걸,
네가 이렇게 변하는 삶의 모습들 속에 숨은 이유가 있다는 것을 — 그리고
        그것들은 결국 네가 된다는 걸,
네가 그 모두를 넘어서 나타나, 영원히 남을 진짜 현실이 된다는 걸,
네가 물질의 가면 뒤에서, 아무리 오래 걸려도 조용히 기다리고 있다는 걸,
네가 언젠가 모든 걸 거두어 갈지도 모른다는 것을,
네가 이 겉모습뿐인 세상의 전부를 산산이 흩어버릴지도 모른다는 걸,
어쩌면, 이 모든 게 결국 너를 위한 것일지도 — 모르지만 이 겉모습은

그리 오래가지 않는다는 걸,
하지만 너는 아주 오래 남을 거라는 걸.

SCENTED herbage of my breast,
Leaves from you I yield, I write, to be perused best afterwards,
Tomb-leaves, body-leaves, growing up above me, above death,
Perennial roots, tall leaves — O the winter shall not freeze you,
    delicate leaves,
Every year shall you bloom again — Out from where you retired,
    you shall emerge again;
O I do not know whether many, passing by, will discover
    you, or inhale your faint odor — but I believe a few will;
O slender leaves! O blossoms of my blood! I permit you to tell,
in your own way, of the heart that is under you,
O burning and throbbing — surely all will one day be accomplished;
O I do not know what you mean, there underneath yourselves —
    you are not happiness,
You are often more bitter than I can bear — you burn and sting me,
Yet you are very beautiful to me, you faint-tinged roots — you
    make me think of Death,
Death is beautiful from you — (what indeed is beautiful, except
    Death and Love?)
O I think it is not for life I am chanting here my chant of lovers —
    I think it must be for Death,
For how calm, how solemn it grows, to ascend to the atmosphere
    of lovers,
Death or life I am then indifferent — my Soul declines to prefer,
I am not sure but the high Soul of lovers welcomes death most;
Indeed, O Death, I think now these leaves mean precisely the same
    as you mean;
Grow up taller, sweet leaves, that I may see! Grow up out of my
    breast!
Spring away from the concealed heart there!

Do not fold yourselves so in your pink-tinged roots, timid leaves!
Do not remain down there so ashamed, herbage of my breast!
Come, I am determined to unbare this broad breast of mine — I have long enough stifled and choked;
Emblematic and capricious blades, I leave you — now you serve me not,
Away! I will say what I have to say, by itself,
I will escape from the sham that was proposed to me,
I will sound myself and comrades only — I will never again utter a call, only their call,
I will raise, with it, immortal reverberations through The States,
I will give an example to lovers, to take permanent shape and will through The States;
Through me shall the words be said to make death exhilarating,
Give me your tone therefore, O Death, that I may accord with it,
Give me yourself — for I see that you belong to me now above all, and are folded together above all — you Love and Death are,
Nor will I allow you to balk me any more with what I was calling life,
For now it is conveyed to me that you are the purports essential,
That you hide in these shifting forms of life, for reasons — and that they are mainly for you,
That you, beyond them, come forth, to remain, the real reality,
That behind the mask of materials you patiently wait, no matter how long,
That you will one day, perhaps, take control of all, That you will perhaps dissipate this entire show of appearance,
That may be you are what it is all for — but it does not last so very long,
But you will last very long.

III

지금 내 손을 잡고 있는 네가 누구든,
이 하나가 없다면, 모든 게 소용없어,
더 다가오기 전에, 이걸 잘 알아두길 바랄게,
나는 네가 생각한 것과 전혀 다르다는 걸.

누가 나를 따르는 사람이 되려고 할까?
누가 내 사랑을 받으려고 스스로 후보가 될까? 그게 너일까?

이 길은 미심쩍고 — 끝은 더디고, 불확실하고, 어쩌면 파멸일 수도 있어,
너는 모든 것을 포기해야 할 거야 — 오직 나만, 홀로 유일한, 네 신이어야
        하니까,
그렇게 해도, 그 수련 기간은 길고 정말 힘들 거야.
지금까지 네 삶의 모든 생각, 네가 세상과 맞춰온 모든 것들을 버려야 할
        거야,
그러니까 나를 놓아줘, 더 고민하기 전에 — 내 어깨에서 손을 떼,
나를 내려놓고, 네 길을 가.

아니면, 남몰래, 숲속에서, 시험 삼아,
아니면 바위 뒤, 탁 트인 바깥에서, (나는 어떤 집의 지붕 아래서 모습을
        드러내지 않아 — 사람들 속에서도,
도서관에서는 벙어리나 얼간이, 혹은 태아나 시체처럼 누워 있거든.)
하지만, 어쩌면 너와 높은 언덕에 올라 — 먼저 사방을 살펴, 아무도
        다가오지 않는 걸 확인하고,
아니면 어쩌면 바다를 떠돌며, 해변이나 어느 고요한 섬에서,
여기라면 네 입술을 내 입술에 포개도 좋아, 친구의 오래 머무는
        키스이든지, 신랑의 키스이든지,
왜냐하면 나는 신랑이고, 나는 친구니까.

아니면, 원한다면, 내 몸을 네 옷 속에 감춰,
네 심장의 박동을 느끼거나 네 허리춤에 기댈 수 있게,
육지나 바다를 건널 때면 나를 데려가,
그렇게 네 몸에 닿는 것만으로 충분해 — 최고야,
그렇게 네 몸에 닿아 나는 조용히 잠들어, 영원히 네 품에 안겨 가겠지.

하지만 이 잎들을 속이려 한다면, 위험을 각오해,
너는 이 잎들도, 나도, 이해할 수 없을 테니까,
처음엔 너를 피해 다닐 거고, 시간이 갈수록 더 그럴 거야 — 나는 반드시
　　　　너를 피해 달아날 거야,
네가 나를 완전히 붙잡았다고 생각하는 순간에도, 보라고!
나는 이미 네 손을 빠져나갔잖아.

내가 이 책을 쓴 건, 그 안에 무언가를 담기 위해서가 아니고,
읽는다고 그것을 얻을 수 있는 것도 아니고,
나를 가장 잘 아는 건 나를 찬미하고 자랑스럽게 떠받드는 사람들도
　　　　아니고,
내 사랑의 후보들은 (아주 소수의 몇 명 말고는) 대부분 탈락할 거고,
내 시들이 좋은 일만 하진 않고 — 그만큼 해악을 끼치고, 더 할 수도
　　　　있으니까.
네가 아무리 여러 번 짐작해도 닿지 못할 — 내가 넌지시 비춘 그것이
　　　　없다면, 모든 게 소용없으니까,
그러니 나를 놓아줘, 그리고 네 길을 가.

WHOEVER you are holding me now in hand,
Without one thing all will be useless,
I give you fair warning, before you attempt me further,
I am not what you supposed, but far different.

Who is he that would become my follower?
Who would sign himself a candidate for my affections? Are you he?

The way is suspicious — the result slow, uncertain, may-be
    destructive;
You would have to give up all else — I alone would expect to be
    your God, sole and exclusive,
Your novitiate would even then be long and exhausting,
The whole past theory of your life, and all conformity to the lives
    around you, would have to be abandoned;
Therefore release me now, before troubling yourself any further —
Let go your hand from my shoulders,
Put me down, and depart on your way.

Or else, only by stealth, in some wood, for trial,
Or back of a rock, in the open air,
(For in any roofed room of a house I emerge not — nor in company,
And in libraries I lie as one dumb, a gawk, or unborn, or dead,)
But just possibly with you on a high hill — first watching lest any
person, for miles around, approach unawares,
Or possibly with you sailing at sea, or on the beach of the sea, or
    some quiet island,
Here to put your lips upon mine I permit you,
With the comrade's long-dwelling kiss, or the new husband's kiss,
For I am the new husband, and I am the comrade.

Or, if you will, thrusting me beneath your clothing,
Where I may feel the throbs of your heart, or rest upon your hip,
Carry me when you go forth over land or sea;
For thus, merely touching you, is enough — is best,
And thus, touching you, would I silently sleep and be carried
    eternally.

But these leaves conning, you con at peril,
For these leaves, and me, you will not understand,
They will elude you at first, and still more afterward — I will
    certainly elude you,
Even while you should think you had unquestionably caught me,
    behold!
Already you see I have escaped from you.

For it is not for what I have put into it that I have written this book,
Nor is it by reading it you will acquire it,
Nor do those know me best who admire me, and vauntingly
    praise me,
Nor will the candidates for my love, (unless at most a very few,)
    prove victorious,
Nor will my poems do good only — they will do just as much evil,
    perhaps more,
For all is useless without that which you may guess at many times
    and not hit — that which I hinted at,
Therefore release me, and depart on your way.

IV

나는, 봄을 노래하며, 연인들을 위해 이것들을 모으지,
(연인들의 기쁨과 슬픔을 나보다 더 잘 아는 이가 또 있을까?
그리고 나 말고 누가 친구들의 시인이 될 수 있을까?)
나는 이 세상, 이 정원을 가로지르며 모으지 ― 그러다 이내 문을 지나,
지금 연못가를 따라 걷고 ― 잠깐 물속에 발을 담가보며, 젖는 걸 개의치
        않고,
지금 낡은 돌담이 쌓인 울타리 옆을 지나가지 ― 밭에서 주워 던져진
        오래된 돌들이, 쌓이고 쌓여,
그 틈새로 잡초와 덩굴과 들꽃들이 자라나 그 돌들을 조금 덮은 ―
        그 너머로 나는 지나가지,
깊고 깊은 숲속, 어디쯤 왔는지조차 모른 채,
혼자서, 흙냄새를 맡으며, 이따금 고요 속에 멈춰 서지,
나 혼자야, 라고 생각했지만 ― 이내 한 무리가 조용히 내 곁에 모이지,
어떤 이들은 내 옆에서, 어떤 이들은 뒤에서 걷고, 어떤 이들은 내 팔이나
        목을 감싸지,
살아 있든, 죽었든, 내 친구들의 영혼들 ― 그들은 점점 많아져 큰 무리가
        되고, 나는 그 가운데서,
봄을 노래하며, 모으고 나누어주며, 그들과 그곳을 거닐지,
무언가를 꺾어 기념으로 ― 이들에게 줄 무언가를 찾아 헤매다, 문득
        한 이름을 떠올려 ― 가까이 있는 누구에게든 던져주지,
여기! 라일락이 있어, 소나무 가지도,
여기, 플로리다의 커다란 떡갈나무에서 따온 이끼 한 줌이 내 주머니
        밖으로 길게 늘어져 있어,
여기, 분홍빛 패랭이꽃과 월계수 잎 몇 장, 세이지 한 줌도,
그리고 지금 내가 연못가를 헤치며 걷다가 건져 올린 이것도,
(아, 여기서 나를 다정히 사랑하고 ― 다시 돌아와, 다시는 헤어지지 않을
        그를 보았지,

그리고 이것이, 아 이것이 앞으로 친구들의 증표가 될 거야 —
　　　　이 창포 뿌리가!
젊은이들아, 이걸 서로 나누어 줘! 누구도 돌려주지 마!)
그리고 단풍나무 가지, 야생 오렌지 한 묶음, 밤나무 줄기,
그리고 까치밥나무 가지, 자두꽃, 향기로운 삼나무까지,
나는 빽빽한 영혼들의 무리에 둘러싸여 거닐며,
이것들을 가리키고, 스치고, 손끝으로 만지고, 건네거나 툭툭
　　　　던져주기도 하지,
누구에게 무엇을 줄지 알려주고, 각자에게 무언가를 주지,
하지만 연못가에서 건져 올린 그것만은 남겨두지,
나는 그걸 오직 — 나처럼 사랑할 줄 아는 이들에게만 주려고 해.

THESE I, singing in spring, collect for lovers,
(For who but I should understand lovers, and all their sorrow and joy?
And who but I should be the poet of comrades?)
Collecting, I traverse the garden, the world — but soon I pass the gates,
Now along the pond-side — now wading in a little, fearing not the wet,
Now by the post-and-rail fences, where the old stones thrown there, picked from the fields, have accumulated,
Wild-flowers and vines and weeds come up through the stones, and partly cover them — Beyond these I pass,
Far, far in the forest, before I think where I get,
Solitary, smelling the earthy smell, stopping now and then in the silence,
Alone I had thought — yet soon a silent troop gathers around me,
Some walk by my side, and some behind, and some embrace my arms or neck,
They, the spirits of friends, dead or alive — thicker they come, a great crowd, and I in the middle,
Collecting, dispensing, singing in spring, there I wander with them,
Plucking something for tokens — something for these, till I hit upon a name — tossing toward whoever is near me,
Here! lilac, with a branch of pine,
Here, out of my pocket, some moss which I pulled off a live-oak in Florida, as it hung trailing down,
Here, some pinks and laurel leaves, and a handful of sage,
And here what I now draw from the water, wading in the pond-side,
(O here I last saw him that tenderly loves me — and returns again, never to separate from me,

And this, O this shall henceforth be the token of comrades — this
 calamus-root shall,
Interchange it, youths, with each other! Let none render it back!)
And twigs of maple, and a bunch of wild orange, and chestnut,
And stems of currants, and plum-blows, and the aromatic cedar;
These I, compassed around by a thick cloud of spirits,
Wandering, point to, or touch as I pass, or throw them loosely from
 me,
Indicating to each one what he shall have — giving something to
 each,
But what I drew from the water by the pond-side, that I reserve,
I will give of it — but only to them that love, as I myself am capable
 of loving.

v

연방주들아!
변호사들이 너희를 단단히 묶어주길 바랐어?
종이 한 장의 조약이? 아니면 무력이?

아니야!
내가 여기, 법정의 권력도, 무력도 초월한 것들을 가져왔어,
이것들로! 너희를 땅이 단단히 붙어 있는 것처럼 묶어주려고.

언제나 새로운, 오래된 생명의 숨결, 여기! 아메리카, 너에게 전해줄게.

아, 어머니! 당신이 나를 위해 많은 것을 했지요?
보세요, 나도 당신을 위해 많은 것을 할 거예요.

내게서 새로운 우정이 생겨날 거야 ─ 그건 내 이름을 따라 불릴 거야,
이 땅 곳곳으로 퍼질 거야, 어디든 가리지 않고,
서로에게 얽히고 서로를 휘감을 거야 ─ 새로운 징표를 드러내며, 단단히
        엮일 거야,
애정이 자유의 모든 문제를 해결해 줄 거야,
서로 사랑하는 이들은 무적이 될 거야,
마침내 내 이름 아래, 아메리카가 완전한 승리를 거두게 할 거야.

매사추세츠의 사람이 미주리 사람의 친구가 되고,
메인이나 버몬트에서 온 사람이, 캐롤라이나와 오리건에서 온 사람과,
        이 세상 어떤 부자들보다 소중한 친구의 삼위일체가 될 거야,

플로리다의 향기가 미시간으로 퍼져 가고,
쿠바나 멕시코에서 맨해튼으로 퍼질 거야,

꽃향기가 아니라, 더 달콤한, 죽음을 넘어 퍼지는 향기야.

어떤 위험도 컬럼비아의 연인들을 막지 못할 거야,
필요하다면, 천 명이 한 사람을 위해 기꺼이 희생할 거야,
필요할 때는, 캐나다 사람은 캔자스 사람을 위해, 캔자스 사람은 캐나다
　　　사람을 위해 기꺼이 목숨을 내놓을 거야.

집에서도 거리에서도, 어디서나 당연한 듯이 남자들의 사랑을 보게 될
　　　거야,
떠나는 형제나 친구는 남은 형제나 친구에게 입맞춤으로 작별 인사를
　　　할 거야.

새로운 혁신이 일어날 거야,
수많은 손들이 맞잡을 거야 — 동북부 사람의 손, 북서부 사람의 손,
　　　남서부 사람의 손, 내륙 사람의 손과 그들의 모든 후손들의 손이,
그들은 새로운 권력 아래 세상의 주인이 될 거야,
그들은 나머지 모든 세상의 공격을 껄껄 비웃을 거야.

가장 용감하고 거친 이들이 서로 얼굴을 가볍게 맞댈 거야,
연인들이 자유의 기반이 될 거야,
친구들이 평등의 지속이 될 거야.

이들이 쇠로 만든 고리보다 더 강하게 서로를 엮을 거야,
황홀해, 아 파트너들아! 아 땅들아! 나는 이제부터 연인의 사랑으로
　　　너희를 엮을 거야.

나는 이 대륙을 뗄 수 없는 것으로 만들 거야,
태양이 비춘 그 무엇보다 찬란한 인종을 만들 거야,
신성하고 자석 같은 땅을 만들 거야.
아메리카의 모든 강가를 따라, 5대호 해변을 따라, 그리고 모든 대초원에,

우정을 나무처럼 빼곡히 심을 거야,
도시들이 팔로 서로의 목을 감싸 안아 떼어낼 수 없게 만들 거야.

아, 민주주의야, 너를 위해 이 모든 걸 준비했어, 내 신부야!
너를 위해! 너를 위해, 나는 이 노래를 부르고 있어.

STATES!

Were you looking to be held together by the lawyers?

By an agreement on a paper? Or by arms?

Away!

I arrive, bringing these, beyond all the forces of courts and arms,

These! to hold you together as firmly as the earth itself is held together.

The old breath of life, ever new,

Here! I pass it by contact to you, America.

O mother! have you done much for me?

Behold, there shall from me be much done for you.

There shall from me be a new friendship — It shall be called after my name,

It shall circulate through The States, indifferent of place,

It shall twist and intertwist them through and around each other —

Compact shall they be, showing new signs,

Affection shall solve every one of the problems of freedom,

Those who love each other shall be invincible,

They shall finally make America completely victorious, in my name.

One from Massachusetts shall be comrade to a Missourian,

One from Maine or Vermont, and a Carolinian and an Oregonese, shall be friends triune, more precious to each other than all the riches of the earth.

To Michigan shall be wafted perfume from Florida,

To the Mannahatta from Cuba or Mexico,

Not the perfume of flowers, but sweeter, and wafted beyond death.

No danger shall balk Columbia's lovers,

If need be, a thousand shall sternly immolate themselves for one,

The Kanuck shall be willing to lay down his life for the Kansian, and the Kansian for the Kanuck, on due need.

It shall be customary in all directions, in the houses and streets, to see manly affection,

The departing brother or friend shall salute the remaining brother or friend with a kiss.

There shall be innovations,

There shall be countless linked hands — namely, the Northeasterner's, and the Northwesterner's, and the Southwesterner's, and those of the interior, and all their brood,

These shall be masters of the world under a new power,

They shall laugh to scorn the attacks of all the remainder of the world.

The most dauntless and rude shall touch face to face lightly,

The dependence of Liberty shall be lovers,

The continuance of Equality shall be comrades.

These shall tie and band stronger than hoops of iron,

I, extatic, O partners! O lands! henceforth with the love of lovers tie you.

I will make the continent indissoluble,
I will make the most splendid race the sun ever yet shone upon,
I will make divine magnetic lands.

I will plant companionship thick as trees along all the rivers of
America, and along the shores of the great lakes, and all over the
    prairies,
I will make inseparable cities, with their arms about each other's
    necks.

For you these, from me, O Democracy, to serve you, ma femme!
For you! for you, I am trilling these songs.

VI

아니야, 내 갈빗대 속에서만 내뿜는 게,
아니야, 한밤중 한숨 속에서, 분노 속에서, 스스로에게 실망해서만,
아니야, 길게 내쉬며 참다 터져버린 한숨 속에서만,
아니야, 수없이 맹세하고 또 깨뜨린 말들 속에서만,
아니야, 고집 세고 맹렬한 내 영혼의 의지 속에서만,
아니야, 은은히 스미는 공기의 양분 속에서만,
아니야, 이 관자놀이와 손목에서 울리는 맥박과 고동 속에서만,
아니야, 언젠가 멈춰버릴, 이 기묘한 수축과 확장 속에서만,
아니야, 하늘에만 털어놓았던 배고픈 소망들 속에서만,
아니야, 홀로 깊은 숲속에서 외쳤던 울음, 웃음, 도전 속에서만,
아니야, 이를 악물고 내쉬는 거친 숨결 속에서만,
아니야, 울려 퍼지고 또 울려 퍼지는 말들 — 의미 없이 떠도는 말들,
　　　메아리, 죽은 말들 속에서만,
아니야, 잠결에 흘리는 꿈들의 속삭임 속에서만,
아니야, 그리고 날마다 꾸는 이 믿을 수 없는 꿈들의 또 다른 속삭임
　　　속에서만,
아니야, 너를 품었다가 또 내보내는 내 몸의 팔다리와 감각들 속에서만 —
　　　아니야 거기서만이.
아니야, 그 어느 곳도, 어디에도. 아 이 끈끈함! 아 내 삶의 고동아!
이 노래 속에 네가 살아 숨 쉬고 있는데, 더 어디서 널 찾아야 한단 말이야.

NOT heaving from my ribbed breast only,

Not in sighs at night, in rage, dissatisfied with myself,

Not in those long-drawn, ill-suppressed sighs,

Not in many an oath and promise broken,

Not in my wilful and savage soul's volition,

Not in the subtle nourishment of the air,

Not in this beating and pounding at my temples and wrists,

Not in the curious systole and diastole within, which will one day cease,

Not in many a hungry wish, told to the skies only,

Not in cries, laughter, defiances, thrown from me when alone, far in the wilds,

Not in husky pantings through clenched teeth,

Not in sounded and resounded words — chattering words, echoes, dead words,

Not in the murmurs of my dreams while I sleep,

Nor the other murmurs of these incredible dreams of every day,

Nor in the limbs and senses of my body, that take you and dismiss you continually — Not there,

Not in any or all of them, O adhesiveness! O pulse of my life!

Need I that you exist and show yourself, any more than in these songs.

VII

겉모습이라는 무시무시한 문제에 대해,
결국은 의심과 불확실성에 대해,
어쩌면 믿음과 희망도 결국은 그저 추측일 뿐일지도,
어쩌면 죽음 너머의 정체성도 아름다운 허구일 뿐일지도,
어쩌면 내가 보는 것들 — 동물들, 식물들, 사람들, 언덕들, 빛나고
  흐르는 물,
낮과 밤의 하늘 — 색깔과 밀도와 형상 — 어쩌면 이 모든 것이 (분명
  그렇겠지만) 그저 환영일 뿐이고, 진짜는 아직 알려지지 않은
  것일지도 모르지.
(얼마나 자주 그것들이 자신을 벗어나서 나를 혼란에 빠뜨리고 비웃는
  듯한지!
얼마나 자주 내가 생각하는지, 나도, 그 누구도 그것들에 대해 아는 게
  없다고!)
어쩌면 그것들은 그저 내게 그렇게 보일 뿐, (분명 그렇게 보이겠지만)
  내가 지금 이 순간, 이 자리에서 바라보는 모습일 뿐 — 그리고
  완전히 다른 시점에서 보면 (분명 그렇게 되겠지만) 전혀 다르게
  보이거나, 아니면 애초에 아무것도 아닐지도 몰라.
놀랍게도, 이런 의문들, 이같은 것들에 대한 답을
내 연인들, 내 소중한 친구들을 통해 얻게 되지.
내가 사랑하는 그가 나와 함께 여행하거나, 오랫동안 내 손을 잡고
  앉아 있을 때,
말과 이성이 담아낼 수 없는 미묘한 공기, 손에 잡히지 않는 감각이
  우리를 감싸고 스며들 때,
그때 나는 이루 말할 수 없는 지혜로 충만해져 — 나는 침묵해 — 더는
  아무것도 필요치 않아,
나는 겉모습에 대한 문제에도, 죽음 너머의 정체성에 대한 문제에도
  답할 수 없어.

하지만 나는 그냥 걷고, 담담히 앉아 있을 뿐 — 만족해,
내 손을 잡은 그가 나를 완전히 만족시켰으니까.

OF the terrible question of appearances,
Of the doubts, the uncertainties after all,
That may-be reliance and hope are but speculations after all,
That may-be identity beyond the grave is a beautiful fable only,
May-be the things I perceive — the animals, plants, men, hills, shining and flowing waters,
The skies of day and night — colors, densities, forms — May-be these are, (as doubtless they are,) only apparitions, and the real something has yet to be known,
(How often they dart out of themselves, as if to confound me and mock me!
How often I think neither I know, nor any man knows, aught of them;)
May-be they only seem to me what they are, (as doubtless they indeed but seem,) as from my present point of view — And might prove, (as of course they would,) naught of what they appear, or naught any how, from entirely changed points of view;
To me, these, and the like of these, are curiously answered by my lovers, my dear friends;
When he whom I love travels with me, or sits a long while holding me by the hand,
When the subtle air, the impalpable, the sense that words and reason hold not, surround us and pervade us,
Then I am charged with untold and untellable wisdom — I am silent — I require nothing further,
I cannot answer the question of appearances, or that of identity beyond the grave,
But I walk or sit indifferent — I am satisfied,
He ahold of my hand has completely satisfied me.

VIII

오랫동안 생각했어 지식만이 나를 충족해줄 거라고 ― 아, 지식만 얻을 수
 있다면!
그러다 내 땅들이 나를 사로잡았어 ― 광활한 초원, 오하이오의 땅, 남부의
 대평원들이 나를 사로잡은 거야 ― 그 땅들을 위해 살겠다고 ―
 그 땅들을 대변하겠다고 생각했어.
그러다 옛 영웅과 새로운 영웅들의 이야기를 접했어 ― 전사들, 선원들,
 그리고 모든 용기 있는 이들의 이야기를 들었어 ― 그러자 나도
 그들만큼 누구보다 용감한 것 같았어 ― 아니, 그렇게 되겠다고
 결심했어.
그러다 마침내, 이 모든 것을 아우르는 생각이 떠올랐지, 신대륙의 노래를
 부르기로 했어 ― 내 삶을 노래를 부르는 데 바쳐야 한다고 믿게 된 거지.
하지만 이제 들어봐, 광활한 초원의 땅아, 남부 대평원의 땅아, 오하이오의
 땅아,
들어봐, 너희 캐나다의 숲들아 ― 그리고 너, 휴런 호수야 ―
 나이아가라로 흘러드는 모든 것들아 ― 그리고 나이아가라 폭포
 너도,
그리고 너, 캘리포니아의 산들아 ― 모두들 각자
너희의 노래를 불러줄 새로운 사람을 찾아야 해,
나는 더 이상 너희의 노래를 부를 수 없어 ― 나를 사랑하는 한 사람이
 질투해서 사랑만 남기고 모든 것을 가져갔거든,
나는 나머지를 버리지 ― 한때 나를 충족해줄 거라 믿었던 모든
 것으로부터 떠나지 ― 그것들은 더 이상 내게 아무 의미도, 매력도
 없어,
나는 더 이상 지식을, 이 나라의 위대함을, 영웅들의 모범을 신경 쓰지
 않아,
나는 내 노래조차 신경 쓰지 않아 ― 내가 사랑하는 그와 함께 갈 거야,
그저 함께 있는 것만으로도 충분할 거야 ― 우린 다시는 헤어지지 않아.

LONG I thought that knowledge alone would suffice me — O if I
    could but obtain knowledge!
Then my lands engrossed me — Lands of the prairies, Ohio's land,
    the southern savannas, engrossed me — For them I would
    live — I would be their orator;
Then I met the examples of old and new heroes — I heard of
    warriors, sailors, and all dauntless persons — And it seemed
    to me that I too had it in me to be as dauntless as any —
    and would be so;
And then, to enclose all, it came to me to strike up the songs of the
New World — And then I believed my life must be spent in singing;
But now take notice, land of the prairies, land of the south
    savannas, Ohio's land,
Take notice, you Kanuck woods — and you Lake Huron — and all
    that with you roll toward Niagara — and you Niagara also,
And you, Californian mountains — That you each and all find
    somebody else to be your singer of songs,
For I can be your singer of songs no longer — One who loves me is
    jealous of me, and withdraws me from all but love,
With the rest I dispense — I sever from what I thought would suffice
    me, for it does not — it is now empty and tasteless to me,
I heed knowledge, and the grandeur of The States, and the example
    of heroes, no more,
I am indifferent to my own songs — I will go with him I love,
It is to be enough for us that we are together — We never separate
    again.

IX

오랫동안 지속되는, 아프고 무거운 마음의 시간들,
어스름이 깔린 시간들, 나는 외롭고 인기척 없는 곳으로 물러나 혼자
      앉아, 얼굴을 손에 묻고 있어,
잠들지 못하는 깊은 밤의 시간들, 나는 시골길을 따라 빠르게
      걸어가거나, 도시의 거리를 헤매며 몇 마일이고 걸으면서 애닯은
      울음을 삼키지,
낙담하고 고통에 찬 시간들 — 나는 그 없이는 견딜 수 없지만, 이내
      그는 나 없이도 잘 지내는 것을 봤기에,
내가 잊혀지는 시간들, (아, 몇 주, 몇 달이 지나도 나는 결코 잊히지
      않을 거야!)
침울하고 고통스러운 시간들! (부끄러워 — 하지만 소용없어 — 나는
      나일 뿐이야,)
내 고뇌의 시간들 — 다른 사람들도 이런, 같은 감정을 겪는 걸까?
나와 같은 이가 단 한 명이라도 있을까 — 고통에 찬 — 친구를, 연인을
      잃은 사람이?
그도 지금 나처럼 이럴까? 여전히 아침에 눈을 뜨면 절망 속에서
      잃어버린 사람을 생각할까? 밤에도 깨어나 그를 떠올릴까?
그도 나처럼 침묵 속에서 끝없는 우정을 품고 있을까? 고통과 열망을 품고
      있을까?
불현듯 떠오르는 기억, 스쳐 지나가는 이름 하나에 감정이 북받쳐 올라,
      조용히 무너져 내릴까?
그도 내 안에서 자기 자신을 볼까? 그도 이 시간들 속에서 자기 시간의
      얼굴을 마주할까?

HOURS continuing long, sore and heavy-hearted,
Hours of the dusk, when I withdraw to a lonesome and unfrequented spot, seating myself, leaning my face in my hands;
Hours sleepless, deep in the night, when I go forth, speeding swiftly the country roads, or through the city streets, or pacing miles and miles, stifling plaintive cries;
Hours discouraged, distracted—for the one I cannot content myself without, soon I saw him content himself without me;
Hours when I am forgotten, (O weeks and months are passing, but I believe I am never to forget!)
Sullen and suffering hours! (I am ashamed — but it is useless — I am what I am;)
Hours of my torment — I wonder if other men ever have the like, out of the like feelings?
Is there even one other like me — distracted — his friend, his lover, lost to him?
Is he too as I am now? Does he still rise in the morning, dejected, thinking who is lost to him? and at night, awaking, think who is lost?
Does he too harbor his friendship silent and endless? harbor his anguish and passion?
Does some stray reminder, or the casual mention of a name, bring the fit back upon him, taciturn and deprest?
Does he see himself reflected in me? In these hours, does he see the face of his hours reflected?

x

너희, 먼 훗날의 시인들아! 나를 이야기할 때, 내 시를 염두에 두지 마,
내가 미국에 대해 예언하고, 그들을 영광의 길로 이끌었다고도
      말하지 마.
그보다 이리 와, 이 겉보기엔 무심한 껍데기 아래로 데려갈게 —
      나를 두고 뭘 말해야 할지 알려줄게,
내 이름을 널리 알리고, 내 초상을 걸어, 가장 다정한 연인의 초상으로,
친구이자 연인이었던 그를 가장 사랑했던 친구이자 연인의 초상으로,
그는 자신의 시가 아니라, 그 안에 있는 무한한 사랑의
바다를 자랑스러워한 사람 — 그리고 그것을 아낌없이 쏟아낸 사람,
그는 자주 홀로 산책하며, 사랑하는 친구들을, 연인들을 떠올렸던 사람,
그는 멀리 있는 사랑하는 그가 걱정스러워, 밤이면 뒤척이며 마음
      헛헛했던 사람,
그는 사랑하는 그가 혹시나, 알게 모르게 자신에게 무심한 건 아닐까,
      그 생각에 병이 날듯이 두려웠던 사람,
그가 가장 행복했던 날들은 아득히 먼 과거, 들판과 숲, 언덕을 함께
      거닐던 날들, 그와 자신, 단둘이, 세상과 떨어져 손을 맞잡고
      떠돌던 그날들.
그는 거리 위를 거닐 때, 자주 팔을 뻗어 친구의 어깨를 감쌌고 —
      그 친구의 팔도 자연스럽게 그의 어깨에 놓여 있던 사람이야.

YOU bards of ages hence! when you refer to me, mind not so much
    my poems,
Nor speak of me that I prophesied of The States, and led them the
    way of their glories;
But come, I will take you down underneath this impassive
    exterior — I will tell you what to say of me:
Publish my name and hang up my picture as that of the tenderest
    lover,
The friend, the lover's portrait, of whom his friend, his lover, was
    fondest,
Who was not proud of his songs, but of the measureless ocean of
    love within him — and freely poured it forth,
Who often walked lonesome walks, thinking of his dear friends, his
    lovers,
Who pensive, away from one he loved, often lay sleepless and
    dissatisfied at night,
Who knew too well the sick, sick dread lest the one he loved might
    secretly be indifferent to him,
Whose happiest days were far away, through fields, in woods, on
    hills, he and another, wandering hand in hand, they twain,
    apart from other men,
Who oft as he sauntered the streets, curved with his arm the
    shoulder of his friend — while the arm of his friend
    rested upon him also.

XI

저녁이 끝나갈 무렵 내 이름이 수도에서 환호를 받았다는 소식을
      들었을 때, 그날 밤은 여전히 내게 행복한 밤이 아니었어,
또, 내가 흥청거리거나, 내 계획들이 이루어졌을 때도, 여전히 행복하지
      않았어,
하지만 완벽히 건강한 몸으로 새벽에 일어나, 상쾌한 가을의 풍성한
      숨결을 들이마시며 노래하던 날,
서쪽 하늘 보름달이 창백해져 아침 빛 속으로 사라지는 것을 보았을 때,
혼자 해변을 거닐며 옷을 벗고 물에 들어가, 차가운 물과 첨벙거리면서,
      해가 뜨는 걸 보았을 때,
그리고 내 사랑하는 친구, 내 연인이 오고 있다는 생각을 했을 때, 아, 그때
      나는 행복했지,
아, 그때는 숨결 하나하나가 더 달콤했지 — 그날 내내 음식은 더
      맛있었지 — 아름다운 그날은 잘 지나갔고,
그 다음 날은 같은 기쁨으로 찾아왔어 — 그리고 그 다음 날 저녁,
      내 친구가 왔지,
그날 밤, 모든 것이 고요할 때, 나는 물결이 해안을 따라 천천히, 계속해서
      밀려오는 소리를 들었어,
파도와 모래가 축하해주려고 서로 부딪히고 서걱거리며 내게 몰려오는
      소리를 들었어,
시원한 밤, 내가 가장 사랑하는 그가 내 옆에 누워 같은 이불 속에
      자고 있으니까,
고요함 속, 가을 달빛 속에서 그의 얼굴이 나를 향해 기울어져 있었어,
그리고 그의 팔은 내 가슴을 부드럽게 감싸고 있었어 — 그래서 그날 밤
      나는 행복했지.

WHEN I heard at the close of the day how my name had been received with plaudits in the capitol, still it was not a happy night for me that followed;
And else, when I caroused, or when my plans were accomplished, still I was not happy;
But the day when I rose at dawn from the bed of perfect health, refreshed, singing, inhaling the ripe breath of autumn,
When I saw the full moon in the west grow pale and disappear in the morning light,
When I wandered alone over the beach, and, undressing, bathed, laughing with the cool waters, and saw the sun rise,
And when I thought how my dear friend, my lover, was on his way coming, O then I was happy;
O then each breath tasted sweeter — and all that day my food nourished me more — And the beautiful day passed well,
And the next came with equal joy — And with the next, at evening, came my friend;
And that night, while all was still, I heard the waters roll slowly continually up the shores,
I heard the hissing rustle of the liquid and sands, as directed to me, whispering, to congratulate me,
For the one I love most lay sleeping by me under the same cover in the cool night,
In the stillness, in the autumn moonbeams, his face was inclined toward me,
And his arm lay lightly around my breast — And that night I was happy.

너는 내게 이끌려서, 무언가 중요한 걸 내게서 기대하는 새로운 사람이야?

일단 경고할게 — 나는 아마 네가 생각하는 것과는 무척 다를 거야.

내게서 네 이상형을 찾을 수 있을 것 같아?

나를 네 연인으로 삼는 게 그렇게 쉬울 거라고 생각해?

나와의 우정이 온전히 만족스러울 거라고 생각해?

내가 믿음직하고 한결같을 거라고 기대해?

겉으로 보이는 모습 — 이 부드럽고 너그러운 태도 너머는 보이지 않아?

지금 네가 진짜 땅 위를 걸어서 진짜 영웅적인 사람을 향하고 있다고 믿어?

아, 몽상가야, 이 모든 게 환상, 허상일 수도 있다고

생각해 본 적 없어? 아, 또 한 걸음이 나락일 수도 있어!

아, 과거에 속았던 누군가가 네 귀에 속삭이게 둬,

지금의 너처럼 내게 다가온 사람이 얼마나 많았는지,

지금의 너처럼 나를 생각했던 사람이 얼마나 많았는지 — 결국 얼마나

    실망했는지.

ARE you the new person drawn toward me, and asking something significant from me?

To begin with, take warning — I am probably far different from what you suppose;

Do you suppose you will find in me your ideal?

Do you think it so easy to have me become your lover?

Do you think the friendship of me would be unalloyed satisfaction?

Do you suppose I am trusty and faithful?

Do you see no further than this façade — this smooth and tolerant manner of me?

Do you suppose yourself advancing on real ground toward a real heroic man?

Have you no thought, O dreamer, that it may be all maya, illusion?

O the next step may precipitate you!

O let some past deceived one hiss in your ears, how many have prest on the same as you are pressing now,

How many have fondly supposed what you are supposing now — only to be disappointed.

XIII

창포의 맛,
(나는 선율을 바꿔야 하니까 — 이건 슬픈 잎이 아니라, 기쁨의 잎이어야
     해.)
그 무엇과도 닮지 않은 뿌리와 잎,
원시림과 연못가에서 남자들과 여자들에게 전해진 향기,
아기 수영과 사랑의 초롱꽃 — 덩굴보다 더 세게 감아 쥐는
     손가락,
아침 해가 떠오를 때, 나뭇잎 속에 숨은 새들의 목에서 터져 나오는 노래,
대지와 사랑의 산들바람 — 살아 있는 해변에서
살아 있는 바다의 너를 향한 산들바람 — 너를 향한, 아, 뱃사람들!
겨울이 풀릴 때 들판을 거니는 젊은이들에게 신선하게 주어지는, 서리를
     맞아 풍부해진 산딸기와 초봄의 가지들,
네가 누구이든, 네 앞에, 그리고 네 안에 놓이는 사랑의 봉오리들,
늘 그랬듯 피어날 봉오리들,
네가 태양의 따스함을 가져다주면, 그들은 피어나 너에게 형체와 색과
     향기를 전해줄 거야,
네가 양분이 되고, 수분이 되면, 그들은 꽃이 되고, 열매가 되고, 높게
     뻗은 가지와 나무가 될 거야,
그들은 그 자체만큼이나 네 안에 존재해 — 어쩌면 네 안에 더 많이
     존재할지도 몰라,
그들은 단 한 번의 계절이나 순환 속이 아니라, 수많은 순환 속에 존재해,
그들은 천천히 대지에서, 내 안에서 자라났고, 이제 천천히 네 안에서
     자라날 거야.

CALAMUS taste,

(For I must change the strain — these are not to be pensive leaves, but leaves of joy,)

Roots and leaves unlike any but themselves,

Scents brought to men and women from the wild woods, and from the pond-side,

Breast-sorrel and pinks of love — fingers that wind around tighter than vines,

Gushes from the throats of birds, hid in the foliage of trees, as the sun is risen,

Breezes of land and love — Breezes set from living shores out to you on the living sea — to you, O sailors!

Frost-mellowed berries, and Third Month twigs, of- fered fresh to young persons wandering out in the fields when the winter breaks up,

Love-buds, put before you and within you, whoever you are,

Buds to be unfolded on the old terms,

If you bring the warmth of the sun to them, they will open, and bring form, color, perfume, to you,

If you become the aliment and the wet, they will become flowers, fruits, tall branches and trees,

They are comprised in you just as much as in themselves — perhaps more than in themselves,

They are not comprised in one season or succession, but many successions,

They have come slowly up out of the earth and me, and are to come slowly up out of you.

XIV

타오르고 연소하는 불꽃도,

몰아치고 나가는 파도도,

흩날리며, 우아하게 떠돌다, 가야 할 곳에 떨어지는 하얀 솜털 같은

      수많은 씨앗들을 가뿐히 실어 나르는, 무르익은 여름의 뽀송하고

      달콤한 공기도,

아니야 이런 것들은 ― 아, 이 어떤 것도, 내가 사랑하는 그의 사랑을

      향해 타오르고, 연소하는 내 안의 불꽃만큼은 아니야!

아, 그 무엇도 나만큼 몰아치고 나가지 않아.

파도가 무언가를 찾는 듯이 쉼 없이 몰아치잖아? 아, 나도 그래.

아, 아니야, 솜털 같은 씨앗도, 향기도, 높이 떠올라, 광활한 허공을 떠돌며

      비를 뿌리는 구름도,

그 어떤 것도, 광활한 허공을 떠돌며, 아, 내 사랑, 우정을

향해, 너를 향해, 사방으로 흩날리는 내 영혼만큼은 아니야.

NOT heat flames up and consumes,

Not sea-waves hurry in and out,

Not the air, delicious and dry, the air of the ripe summer, bears
    lightly along white down-balls of myriads of seeds,
    wafted, sailing gracefully, to drop where they may,

Not these — O none of these, more than the flames of me,
    consuming, burning for his love whom I love!

O none, more than I, hurrying in and out;

Does the tide hurry, seeking something, and never give up? O I the
    same;

O nor down-balls, nor perfumes, nor the high rain-emitting clouds,
    are borne through the open air,

Any more than my Soul is borne through the open air,

Wafted in all directions, O love, for friendship, for you.

아 내 방울들아! 천천히 떨어져, 스며 나와.
거침없이, 그냥 흘러내려 — 툭, 피 흘리는 방울들아.
너희를 가둬왔던 곳에서 벗어나게 하려고 난 상처를 입었어.
내 얼굴에서 — 내 이마와 입술에서,
내 가슴에서 — 내 안 깊숙이 숨겨져 있던 곳에서 쏟아져 나와, 붉게 맺힌
　　방울들아 — 고백의 방울들아.
모든 페이지를 물들여 — 내가 부르는 모든 노래를, 내가 뱉는 모든 말을,
　　피로 새겨.
너희 뜨거운 붉은빛을 보여줘 — 반짝여,
부끄러워도 좋아, 젖은 채로 가득 퍼져.
내가 써 오고, 써 갈 모든 것 위에 번져, 피 흘리는 방울들아,
붉게 물든 방울들아, 너희 빛으로 모든 걸 비춰 줘.

O DROPS of me! trickle, slow drops,

Candid, from me falling — drip, bleeding drops,

From wounds made to free you whence you were prisoned,

From my face — from my forehead and lips,

From my breast — from within where I was concealed — Press
    forth, red drops — confession drops,

Stain every page — stain every song I sing, every word I say, bloody
    drops,

Let them know your scarlet heat—let them glisten,

Saturate them with yourself, all ashamed and wet,

Glow upon all I have written or shall write, bleeding drops,

Let it all be seen in your light, blushing drops.

XVI

지금 누가 이걸 읽고 있을까?

아마도, 내 과거의 잘못을 아는 누군가가 읽고 있을지도 몰라,
아니면, 나를 몰래 사랑했던 낯선 사람이 읽고 있을지도 모르고,
아니면, 내 모든 웅대한 믿음과 자만을 비웃기만 하는 사람이,
아니면, 나를 보고 어리둥절해하는 사람이.

내가 나 자신에게 갸우뚱한 적 없다는 듯이!
아니면, 나 자신을 비웃지 않는다는 듯이! (아, 양심에 걸리고!
      아, 스스로 죄를 물은 나!)
아니면, 낯선 사람을 몰래 사랑하지 않는다는 듯이! (아, 다정하게,
      오랫동안, 하지만 드러내지 않고!)
아니면, 내 안에 있는 잘못된 본성을 똑똑히 보고도 모르는 척한다는 듯이,
아니면, 그것이 나로부터 멈춰야만 멈출 수 있다는 듯이.

WHO is now reading this?

May-be one is now reading this who knows some wrong-doing of
 my past life,
Or may-be a stranger is reading this who has secretly loved me,
Or may-be one who meets all my grand assumptions and egotisms
 with derision,
Or may-be one who is puzzled at me.

As if I were not puzzled at myself!
Or as if I never deride myself! (O conscience-struck! O self-
 convicted!)
Or as if I do not secretly love strangers! (O tenderly, a long time,
 and never avow it;)
Or as if I did not see, perfectly well, interior in myself, the stuff of
 wrong-doing,
Or as if it could cease transpiring from me until it must cease.

XVII

밤낮으로 사랑하는 그가 죽었다고 듣는 꿈을 꿨어,
사랑하는 그가 묻힌 곳을 찾아가는 꿈을 꿨어 — 하지만 그는 거기 없었어,
그를 찾아 무덤들 사이를 헤매는 꿈을 꿨어,
그리고 깨달았어, 세상 모든 곳이 무덤이라는 걸,
삶으로 가득한 집들은 죽음으로도 가득했고, (지금 이 집도 그래.)
거리도, 배도, 놀이공원도, 시카고도, 보스턴도, 필라델피아도, 맨해튼도,
　　　살아 있는 이들만큼 죽은 이들로 가득했어,
아, 살아 있는 이들보다도 더, 훨씬 더, 죽은 이들로 가득했어,
— 그리고 나는 이제부터 내 꿈을 모든 사람과 세대에 이야기할 거야,
이제부터 나는 그 꿈에 묶여 살아갈 거야,
이제 나는 무덤을 신경 쓰지 않을 거야, 사용하지도 않을 거야,
죽은 이들의 기념비가 그냥 아무데나 세워진다 해도, 내가 먹고 자는 이 방
　　　한가운데라 해도, 나는 만족할 거야.
내가 사랑하는 누군가의 몸이든, 내 몸이든, 가루가 되어 바다에 뿌려진다
　　　해도, 나는 만족할 거야.
아니면 바람에 흩어진다 해도, 나는 만족할 거야.

OF him I love day and night, I dreamed I heard he was dead,
And I dreamed I went where they had buried him I love — but he
    was not in that place,
And I dreamed I wandered, searching among burial-places, to find
    him,
And I found that every place was a burial-place,
The houses full of life were equally full of death, (This house is now,)
The streets, the shipping, the places of amusement, the Chicago,
Boston, Philadelphia, the Mannahatta, were as full of the dead as
    of the living,
And fuller, O vastly fuller, of the dead than of the living;
— And what I dreamed I will henceforth tell to every person and
    age,
And I stand henceforth bound to what I dreamed;
And now I am willing to disregard burial-places, and dispense with
    them,
And if the memorials of the dead were put up indifferently
    everywhere, even in the room where I eat or sleep, I should
    be satisfied,
And if the corpse of any one I love, or if my own corpse, be duly
    rendered to powder, and poured in the sea, I shall be satisfied,
Or if it be distributed to the winds, I shall be satisfied.

XVIII

내 산책과 기쁨의 도시야!
내가 네 안에서 살며 너를 노래한 게 언젠가 너를 빛나게 할 거야,
아니야, 너의 변화무쌍함 — 너의 변하는 모습, 멋진 광경이 내게 보답하는 게
       아니야,
아니야, 너의 집들이 끝없이 늘어선 것도 — 부두에 있는 배들도,
아니야, 거리마다 행렬들도, 상점들의 밝은 창도, 거기 진열된 상품들도,
아니야, 배웠다는 사람들과 대화하거나, 저녁 파티나 축제에서 음식을
       즐기는 것도,
그런 것들이 아니라 — 내가 지나갈 때마다, 아 맨해튼! 네 눈 빛이
       순식간에 내게 몇 번이고 보내는 사랑이야,
내 사랑에 답하는 그 눈빛이야 — 그것들이 내게 보답해,
연인들, 끊임없는 연인들만이 내게 보답해.

CITY of my walks and joys!

City whom that I have lived and sung there will one day make you illustrious,

Not the pageants of you — not your shifting tableaux, your spectacles, repay me,

Not the interminable rows of your houses — nor the ships at the wharves,

Nor the processions in the streets, nor the bright windows, with goods in them,

Nor to converse with learned persons, or bear my share in the soiree or feast;

Not those — but, as I pass, O Manhattan! your frequent and swift flash of eyes offering me love,

Offering me the response of my own — these repay me,

Lovers, continual lovers, only repay me.

XIX

다른 대다수 사람들의 변변찮은 본보기를 신경 쓰는 거야?
나는 오랫동안 그걸 신경 썼지만, 더는 그러지 않을 거야 — 나만의
      본보기를 선택했고, 이제 그것을 이 땅에 내놓기 때문이지.

이 거무스름하고 거친 얼굴을 봐 — 이 회색 눈을,
이 수염을 — 통째로 목에 걸친 하얀 양털을,
내 갈색 손을, 그리고 매력없이 과묵하게 있는 내 모습을,
그럼에도, 한 맨해튼 사람이 다가와, 떠날 때면, 강렬한 사랑으로
      내 입술에 살짝 키스하지,
그리고 나는, 공공장소에 있거나, 길을 건널 때, 또는 배의 갑판 위에서
      그에게 키스를 되돌려주지,
우리는 육지와 바다에서 미국 친구들의 그 인사를 주고받지,
우리는 두 명의 자연스럽고 태연한 사람들이지.

MIND you the timid models of the rest, the majority?
Long I minded them, but hence I will not — for I have adopted
    models for myself, and now offer them to The Lands.

Behold this swarthy and unrefined face — these gray eyes,
This beard — the white wool, unclipt upon my neck,
My brown hands, and the silent manner of me, without charm;
Yet comes one, a Manhattanese, and ever at parting, kisses me
    lightly on the lips with robust love,
And I, in the public room, or on the crossing of the street, or on the
    ship's deck, kiss him in return;
We observe that salute of American comrades, land and sea,
We are those two natural and nonchalant persons.

루이지애나에서 떡갈나무 한 그루를 봤어,

혼자 덩그러니 서 있었고, 가지에는 이끼가 늘어져 있었지.

친구 하나 없이 그 자리에 뿌리내리고, 기쁘게 짙푸른 잎을 피우고 있었어.

거칠고, 굽히지 않고, 혈기왕성한 그 모습이 나 자신을 떠올리게 했지만,

나는 의아했어, 어떻게 이 나무는 홀로 서서 기쁘게 잎을 피울 수 있을까?

   곁에 친구도, 연인도 없는데 — 나는 그럴 수 없다는 걸 아는데,

나는 가지 하나를 꺾었어, 잎이 몇 개 달린 걸, 거기에 작은 이끼를 감아,

그걸 가져왔어 — 그리고 내 방 잘 보이는 곳에 두었지.

그게 내 소중한 친구들을 떠올리는 데 필요한 건 아니야.

(요즘 나는 그들 생각밖에 안 하는 것 같으니까.)

그렇지만 그건 묘한 증표처럼 남았어 — 내게 남자들의 사랑을 떠올리게

   하니까.

그렇다 해도, 루이지애나 어딘가 광활한 평지에 홀로, 떡갈나무는 곁에

친구도, 연인도 없이 평생 기쁘게 잎을 피우겠지만,

나는 잘 알아. 나는 그럴 수 없다는 걸.

I SAW in Louisiana a live-oak growing,
All alone stood it, and the moss hung down from the branches,
Without any companion it grew there, uttering joyous leaves of
    dark green,
And its look, rude, unbending, lusty, made me think of myself,
But I wondered how it could utter joyous leaves, standing alone
    there, without its friend, its lover near — for I knew I could
    not,
And I broke off a twig with a certain number of leaves upon it,
    and twined around it a little moss,
And brought it away — and I have placed it in sight in my room,
It is not needed to remind me as of my own dear friends,
(For I believe lately I think of little else than of them,)
Yet it remains to me a curious token — it makes me think of manly
    love;
For all that, and though the live-oak glistens there in Louisiana,
    solitary, in a wide flat space,
Uttering joyous leaves all its life, without a friend, a lover, near,
I know very well I could not.

XXI

음악은 언제나, 끝없이 시작도 없이 나를 감싸지만 — 오랫동안 배우지 않아 듣지 못했지.
이제 합창을 들으며 정말이지 황홀해,
기쁜 음조로 상승하며 아침을 깨우는 힘차고 건강한 테너의 목소리를 들어,
그 사이사이 거대한 파동의 정점을 가볍게 넘나드는 소프라노를,
온 우주를 관통하며 감미롭게 떨리는, 투명한 베이스를,
승리의 총합주를 — 달콤한 플루트와 바이올린이 어우러진 장송곡을 — 들어, 이 모든 것이 나를 가득 채워,
단순히 소리의 웅장함을 듣는 게 아니야 — 그 정교한 의미들이 나를 감동시키지.
서로 엉키고, 뒤섞이면서, 불 같이 격렬하게 감정을 겨루고 더 높이 올라가려는 서로 다른 목소리에 귀 기울이지.
연주자들조차 자신을 다 알지는 못할 거야 — 하지만 이제 나는 그들을 알아차리기 시작하는 것 같아.

MUSIC always round me, unceasing, unbeginning — yet long
    untaught I did not hear,
But now the chorus I hear, and am elated,
A tenor, strong, ascending, with power and health, with glad notes
    of day-break I hear,
A soprano, at intervals, sailing buoyantly over the tops of immense
    waves,
A transparent base, shuddering lusciously under and through the
    universe,
The triumphant tutti — the funeral wailings, with sweet flutes and
    violins — All these I fill myself with;
I hear not the volumes of sound merely — I am moved by the
    exquisite meanings,
I listen to the different voices winding in and out, striving,
contending with fiery vehemence to excel each other in emotion,
    I do not think the performers know themselves — But now I
    think I begin to know them.

XXII

지나가는 낯선 사람아! 내가 얼마나 간절히 너를 바라보는지 모를 거야,
네가 내가 찾던 그 남자, 또는 그 여자인 게 틀림없어 (꿈처럼 불현듯
    떠올라,)
나는 분명 어딘가에서 너와 함께 기쁨에 찬 삶을 살았어,
부드럽고, 다정하고, 꾸밈없고, 성숙해진 우리가 서로를 스치듯 지날 때,
    모든 기억이 되살아나,
너는 나와 함께 자랐고, 함께했던 소년이자 소녀였어,
나는 너와 같이 먹고, 너와 같이 잤어 — 너의 몸은 너만의 것이 아니고, 내
    몸도 나만의 것이 아니게 됐지,
우리가 스칠 때, 너는 네 눈과 얼굴과 살결의 기쁨을 내게 줘 — 나는
    내 수염과 가슴과 손을 너에게 주고,
나는 말을 걸지 않을 거야 — 혼자 앉아 있을 때, 밤에 깨어 있을 때, 너를
    떠올릴 거야.
나는 기다릴 거야 — 언젠가 너를 다시 만날 거라 믿어.
너를 잃지 않으리라는 걸 알게 될 거야.

PASSING stranger! you do not know how longingly I look upon you,
You must be he I was seeking, or she I was seeking, (It comes to me, as of a dream,)
I have somewhere surely lived a life of joy with you,
All is recalled as we flit by each other, fluid, affectionate, chaste, matured,
You grew up with me, were a boy with me, or a girl with me,
I ate with you, and slept with you — your body has become not yours only, nor left my body mine only,
You give me the pleasure of your eyes, face, flesh, as we pass — you take of my beard, breast, hands, in return,
I am not to speak to you — I am to think of you when I sit alone, or wake at night alone,
I am to wait — I do not doubt I am to meet you again,
I am to see to it that I do not lose you.

XXIII

이 순간, 혼자 앉아 그리움에 젖어 생각해보니, 다른 나라에도 나처럼
　　그리움에 젖어 생각하는 사람들이 있을 것 같아.
독일, 이탈리아, 프랑스, 스페인 — 또는 저기, 저 멀리 중국, 러시아,
　　인도에서 — 다른 언어로 이야기하는 그들을 바라볼 수
　　있을 것 같아.
그리고 그 사람들을 더 잘 알게 된다면, 내 나라 사람들을 사랑하듯이,
　　그들도 사랑할 것 같아.
그들도 내 나라 사람들만큼이나 지혜롭고, 아름답고, 자비로울 것 같아.
아, 우리는 형제처럼, 연인처럼 지낼 거야.
그들과 함께라면 나는 행복할 거야.

THIS moment as I sit alone, yearning and thoughtful, it seems to
    me there are other men in other lands, yearning and
    thoughtful;
It seems to me I can look over and behold them, in Germany, Italy,
France, Spain — Or far, far away, in China, or in Russia or India—
    talking other dialects;
And it seems to me if I could know those men better, I should
    become attached to them, as I do to men in my own lands,
It seems to me they are as wise, beautiful, benevolent, as any in my
    own lands;
O I know we should be brethren and lovers,
I know I should be happy with them.

XXIV

내가 제도들을 파괴하려 한다고 내게 비난들을 하지,
하지만 사실 나는 제도들에 찬성도 반대도 아니야,
(내가 그들과 무슨 상관이 있겠어? — 아니면 그들을 파괴하는 것과 무슨
    관련이 있겠어?)
나는 그저 맨해튼과 이 나라의 모든 도시들, 내륙과 해안에서, 그리고
    들판과 숲에서,
물을 가르는 크고 작은 모든 배 위에서, 건물도,
규칙도, 관리자도, 어떤 논쟁도 없이, 친구들의
소중한 사랑이라는 제도를 세우려는 것뿐이야.

I HEAR it is charged against me that I seek to destroy institutions;
But really I am neither for nor against institutions,
(What indeed have I in common with them? — Or what with the
 destruction of them?)
Only I will establish in the Mannahatta, and in every city of These
 States, inland and seaboard,
And in the fields and woods, and above every keel little or large,
 that dents the water,
Without edifices, or rules, or trustees, or any argument,
The institution of the dear love of comrades.

XXV

갈라지는 초원의 풀들 — 뿜어내는 그들의 향기,
나는 요청하지, 그들과의 영적인 소통을,
요청하지, 남자들의 가장 넉넉하고 친밀한 동료애를,
요청하지, 단어, 행동, 존재의 풀잎들이 일어나길,
열린 대기 속에서 자라며, 굵고, 햇볕을 쬐고, 신선하고, 영양이 풍부하길,
자기 길을 가는, 똑바로 서서, 자유와 지식을 지니고 걷는 그들을 — 뒤좇지
  않고 앞서며,
꺾이지 않는 배짱을 지닌 그들을 — 달콤하고 튼튼한 살갗을 지닌, 때묻지
  않고 사랑의 힘을 신중하게 사용하는, 귀한 그들을,
대통령과 주지사의 얼굴을 대수롭지 않게 쳐다보며,
"당신들은 뭐요?"라고 말하는 그들을,
대지가 낳은 열정을 지닌, 소박하고, 얽매이지 않으며, 고분고분하지 않은
  그들을.
미국 내륙에 있는 사람들을.

THE prairie-grass dividing — its own odor breathing,
I demand of it the spiritual corresponding,
Demand the most copious and close companionship of men,
Demand the blades to rise of words, acts, beings,
Those of the open atmosphere, coarse, sunlit, fresh, nutritious,
Those that go their own gait, erect, stepping with freedom and
    command — leading, not following,
Those with a never-quell'd audacity — those with sweet and lusty
    flesh, clear of taint, choice and chary of its love-power,
Those that look carelessly in the faces of Presidents and Governors,
    as to say, Who are you?
Those of earth-born passion, simple, never constrained, never
    obedient,
Those of inland America.

XXVI

우리 두 소년은 꼭 달라붙어, 서로를 떠나지 않고,
길을 오르내리며 — 북쪽과 남쪽으로 여행을 하며,
힘을 만끽하고 — 팔을 뻗고 — 손가락을 맞잡고,
무장하고 두려움 없이 — 먹고, 마시고, 자고, 사랑하며,
우리 자신 외에는 어떤 법도 따르지 않고 — 항해하고, 군인 행세하고,
    훔치고, 위협하며,
구두쇠들, 하인들, 사제들을 놀래키고 — 공기를 마시고, 물을 마시며,
    잔디밭이나 해변에서 춤추며,
새들이 노래하고 — 물고기들이 헤엄치고 — 나무들이 가지를 뻗고 잎을
    피우는 동안,
도시들을 뒤흔들고, 안락함을 경멸하고, 법규를 조롱하고, 나약함을
    뒤쫓으며, 우리의 모험을 완성하지.

WE two boys together clinging,

One the other never leaving,

Up and down the roads going — North and South excursions making,

Power enjoying — elbows stretching — fingers clutching,

Armed and fearless — eating, drinking, sleeping, loving,

No law less than ourselves owning — sailing, soldiering, thieving, threatening,

Misers, menials, priests alarming — air breathing, water drinking, on the turf or the sea-beach dancing,

With birds singing — With fishes swimming — With trees branching and leafing,

Cities wrenching, ease scorning, statutes mocking, feebleness chasing,

Fulfilling our foray.

XXVII

아, 사랑!

아, 죽음 — 늘 찾아오는 죽음!

아, 나의 과거와 현재의 장례식들!

아, 여전히 육체적이고, 눈에 보이며, 당당하게 앞으로 나아가는 나!

아, 수년간의 나였던 것, 이제는 죽었지 (슬프지 않아 — 만족스러워)

아, 저 내 시체들로부터 벗어나려고, 내가 돌아보고, 던져버린 것에서!

나아가고, (아 삶! 늘 찾아오는 삶!) 그 시체들을 뒤에 남겨두려고!

O LOVE!

O dying — always dying!

O the burials of me, past and present!

O me, while I stride ahead, material, visible, imperious as ever!

O me, what I was for years, now dead, (I lament not — I am
    content;)

O to disengage myself from those corpses of me, which I turn
    and look at, where I cast them!

To pass on, (O living! always living!) and leave the corpses behind!

XXVIII

영웅들이 쟁취한 명성과 위대한 장군들이 이룬 승리에 대해 읽을 땐
    그 장군들이 부럽지 않아,
대권을 잡은 대통령도, 으리으리한 집의 부자도 부럽지 않아,
하지만 연인들의 형제애에 대해 읽을 때, 그들이 어떻게 했는지,
어떻게 삶을 거치고, 위험을 거치고, 혐오를 거치며, 변함없이, 오래 또
    오래,
젊음을 거치고, 중년을 거치고, 노년을 거치며, 얼마나 흔들림 없이,
    얼마나 사랑하고 헌신했는지 읽을 때면,
그러면 나는 생각에 잠겨 ― 재빨리 책을 내려놓고, 쓰디쓴 부러움을 가득
    안고 걸어 나가지.

WHEN I peruse the conquered fame of heroes, and the victories of
    mighty generals, I do not envy the generals,
Nor the President in his Presidency, nor the rich in his great house;
But when I read of the brotherhood of lovers, how it was with them,
How through life, through dangers, odium, unchanging, long and
    long,
Through youth, and through middle and old age, how unfaltering,
    how affectionate and faithful they were,
Then I am pensive — I hastily put down the book, and walk away,
    filled with the bitterest envy.

XXIX

틈새를 비집고 들어온 찰나의 모습,
어느 늦은 겨울 밤, 술집 난로 주변에 있는 한 무리의 일꾼들과 마부들 —
    그리고 눈에 띄지 않게, 구석에 앉은 나,
내 손을 잡을 수 있게 조용히 다가와, 가까이 앉는, 나를 사랑하고, 내가
    사랑하는 젊은이,
오랫동안 거기, 사람들이 드나들고 — 술 마시고, 욕설하고, 음담패설하는
    웅성거림 속에,
함께 있는 것만으로 만족하고, 행복하며, 거의 말없이, 어쩌면 한마디도
    없이 있던 우리 둘.

ONE flitting glimpse, caught through an interstice,
Of a crowd of workmen and drivers in a bar-room, around the stove, late of a winter night — And I unremarked, seated in a corner;
Of a youth who loves me, and whom I love, silently approaching, and seating himself near, that he may hold me by the hand;
A long while, amid the noises of coming and going — of drinking and oath and smutty jest,
There we two, content, happy in being together, speaking little, perhaps not a word.

xxx

캘리포니아에 보내는, 푸른 목초의 대평원들과 오리건에도 보내는
            약속과 선물이야,
동쪽에 잠시 더 머문 다음, 곧 너희들에게로 가 머물면서 단단한 미국의
            사랑을 전할게,
나는 잘 알고 있으니까, 나와 단단한 사랑이 너희들
사이, 내륙과 서쪽 바다를 따라 함께한다는 것을,
이 나라가 내륙을 향해, 서쪽 바다를 향해서도 있다는 것을 ― 나도
            그럴 거니까.

A PROMISE and gift to California,

Also to the great Pastoral Plains, and for Oregon:

Sojourning east a while longer, soon I travel to you, to remain, to
    teach robust American love;

For I know very well that I and robust love belong among you, inland,
    and along the Western Sea,

For These States tend inland, and toward the Western Sea — and I
    will also.

XXXI

바다에서 방황하는 어떤 배가, 올바른 항로를 찾으려 애쓸까?
아니면, 항구로 들어오며 모래톱을 피하고, 수로를 따라가기 위해 완벽한
 조타수가 필요할까?
뱃사람들아, 여기야! 배야, 여기야! 너희에게 소리치는 내가 보내는
이 가장 완벽한 조타수를 작은 배에 태워서 떠나, 그리고 노를 저어.

어떤 곳이 포위당하고, 그 포위를 풀려고 안간힘을 쓸까?
봐! 내가 그곳에 재빠르고, 용맹하고, 천하무적인, 지휘관을
보내고, 그와 함께 기병, 보병 — 대포 부대를 보내,
이제껏 총을 쏜 자들 중 가장 치명적인 포병들을.

WHAT ship, puzzled at sea, cons for the true reckoning?
Or, coming in, to avoid the bars, and follow the channel, a perfect
    pilot needs?
Here, sailor! Here, ship! take aboard the most perfect pilot,
Whom, in a little boat, putting off, and rowing, I, hailing you, offer.

What place is besieged, and vainly tries to raise the siege?
Lo! I send to that place a commander, swift, brave, immortal,
And with him horse and foot — and parks of artillery,
And artillerymen, the deadliest that ever fired gun.

XXXII

내가 펜을 들고 뭐에 대해 쓸 거라고 생각해?
오늘 내가 본, 앞바다를 전속력으로 지나가는, 완벽하게 만든 위풍당당한 전투함?
지난 날의 화려함? 아니면 나를 감싸 안는 밤의 찬란함?
아니면 주위에 펼쳐진 위대한 도시의 자랑스러운 영광과 발전? —
    아니야,
나는 오늘 내가 본 소박한 두 남자에 대해 쓸 거야, 부두 위 사람들 속에서 사랑하는 친구와 애틋하게 이별하던,
떠나는 남자의 목에 매달려 격정적으로 키스하던 남아 있는 남자,
그리고 남아 있는 남자를 품 속에 꼭 안아주던 떠나는 남자를.

WHAT think you I take my pen in hand to record?
The battle-ship, perfect-model'd, majestic, that I saw pass the offing to-day under full sail?
The splendors of the past day? Or the splendor of the night that envelops me?
Or the vaunted glory and growth of the great city spread around me? — No;
But I record of two simple men I saw to-day, on the pier, in the midst of the crowd, parting the parting of dear friends,
The one to remain hung on the other's neck, and passionately kissed him,
While the one to depart, tightly prest the one to remain in his arms.

XXXIII

일을 덜어줄 기계를 나는 만들지도,
어떤 새로운 발견도 하지 못했고,
병원이나 도서관을 세울 수 있을 만큼 많은 유산도 남길 수 없을 거고,
미국을 위한 용맹한 행위의 기억도, 문학적 성공도, 뛰어난 지성도 —
책장에 꽂을 책도 남길 수 없을 거야,
공기 중에 울려 퍼지는 이 노래들만, 남길 뿐.
친구와 연인들을 위해.

NO labor-saving machine,

Nor discovery have I made,

Nor will I be able to leave behind me any wealthy bequest to found
    a hospital or library,

Nor reminiscence of any deed of courage, for America,

Nor literary success, nor intellect — nor book for the book-shelf;

Only these carols, vibrating through the air, I leave,

For comrades and lovers.

XXXIV

꿈속에서 꿈을 꿨어, 온 세상 모두가 공격해도 무너지지 않는 도시를 봤어,
그게 새로운 친구들의 도시인 것을 꿈꾼 거야,
거기에서는 단단한 사랑의 가치보다 더 위대한 것은 없었어 — 그게
      모든 것을 이끌었지,
그 도시 남자들의 행동 하나하나에서 매 순간마다 보였고,
그들의 모든 표정과 말 속에 있었어.

I DREAMED in a dream, I saw a city invincible to the attacks of the whole of the rest of the earth,
I dreamed that was the new City of Friends,
Nothing was greater there than the quality of robust love — it led the rest,
It was seen every hour in the actions of the men of that city,
And in all their looks and words.

XXXV

뉴잉글랜드의 너에게,
바다에 인접한 주의 사람, 그리고 펜실베니아의 사람에게,
북쪽 캐나다 사람에게 — 내가 사랑하는 남부 사람에게,
이 모든 걸, 완전한 신뢰로, 너를 나로 그리려고 — 그 기원은 모든
    남자들에게 있지,
나는 이 나라의 주된 목적이 이전엔 알지 못했던, 치켜세울 만큼 멋진
    우정을 만드는 것이라고 믿거든,
그것이 모든 남자들에게 잠재되어 기다리고, 항상 기다려온 것을 알기
    때문이야.

TO you of New England,
To the man of the Seaside State, and of Pennsylvania,
To the Kanadian of the north — to the Southerner I love,
These, with perfect trust, to depict you as myself — the germs are
    in all men;
I believe the main purport of These States is to found a superb
    friendship, exalté, previously unknown,
Because I perceive it waits, and has been always waiting, latent in
    all men.

XXXVI

대지야! 나와 닮은 너!
너는 거기 그렇게 무심하고, 넓고, 둥글게 보이지만,
이제 그게 전부가 아닌 것 같아,
이제 네 안에 사나운, 터져 나올 것만 같은 뭔가가 있는 것 같아,
한 선수가 나를 사랑하고 — 나도 그를 사랑하니까,
하지만 내 안에 그를 향한 사납고 무서운, 터져 나올 것만 같은 뭔가가
　　　있어,
감히 말로는 표현하지 못하겠어 — 이 노래들로도.

EARTH! my likeness!

Though you look so impassive, ample and spheric there,

I now suspect that is not all;

I now suspect there is something fierce in you, eligible to burst
      forth;

For an athlete is enamoured of me — and I of him,

But toward him there is something fierce and terrible in me,
      eligible to burst forth,

I dare not tell it in words — not even in these songs.

XXXVII

손에 손잡은 이들을 위한 잎 하나!
남녀노소 자연스러운 당신들! 동쪽 바다의 당신들, 서쪽 바다의 당신들!
미시시피 강과 미시시피의 모든 지류와 늪에 있는 당신들!
친절한 뱃사공과 정비공들! 거친 당신들!
당신 둘! 그리고 거리를 따라 움직이는 모든 행렬들!
나는 당신들 사이에 스며들고 싶어. 당신들이 손잡고 걷는 것을 자주 볼 때까지.

A LEAF for hand in hand!

You natural persons old and young! You on the Eastern Sea, and
    you on the Western!

You on the Mississippi, and on all the branches and bayous of the
    Mississippi!

You friendly boatmen and mechanics! You roughs!

You twain! And all processions moving along the streets!

I wish to infuse myself among you till I see it common for you to
    walk hand in hand.

XXXVIII

태곳적부터 사랑하는 여자에 대한 내 사랑,
아 신부! 아 아내! 내가 말할 수 있는 것보다 더 거부할 수 없고, 더 오래가는
    당신에 대한 생각!
그러면 독립하여, 육체가 없는, 가장 순수한 태생,
천상의, 최후의 견고한 현실, 나의 위안,
나는 떠올라 — 당신의 사랑의 영역을 떠다녀, 아 인간,
아 내 떠도는 삶의 공유자.

PRIMEVAL my love for the woman I love,

O bride! O wife! more resistless, more enduring than I can tell,
    the thought of you!

Then separate, as disembodied, the purest born,

The ethereal, the last athletic reality, my consolation,

I ascend — I float in the regions of your love, O man,

O sharer of my roving life.

XXXIX

사랑하는 사람과 같이 있을 때 이따금 분노로 가득 차, 보답 없는 사랑을
      토해낼까 두려워서,
하지만 이제 보답 없는 사랑은 없는 것 같아 — 보답은 어떤 식으로든,
      틀림없이 있으니까,
나는 우주를 분명히 인식할 수도, 시 한 편을 쓸 수도 없었을 거야.
      친구들에게, 사랑에게, 기꺼이 나 자신을 내어주지 않았다면.

SOMETIMES with one I love, I fill myself with rage, for fear I effuse unreturned love;
But now I think there is no unreturned love — the pay is certain, one way or another,
Doubtless I could not have perceived the universe, or written one of my poems, if I had not freely given myself to comrades, to love.

XL

이리저리 오가며, 생계를 구하고, 잡담하고, 흥정하는 그 그림자, 내 모습,
내가 얼마나 자주 그것이 나풀거리는 것을 서서 바라보는지,
내가 얼마나 자주 그것이 정말 나일까 묻고 의심하는지,
하지만 이들 속, 내 연인들 사이에 있으며 노래를 흥얼거리면,
아, 그것이 정말 나일까 결코 의심하지 않아.

THAT shadow, my likeness, that goes to and fro, seeking a
    livelihood, chattering, chaffering,
How often I find myself standing and looking at it where it flits,
How often I question and doubt whether that is really me;
But in these, and among my lovers, and carolling my songs,
O I never doubt whether that is really me.

XLI

남자들과 여자들, 많은 사람들 속에서 누군가가 비밀스럽고 신성한
　　신호로 나를 알아보는 걸 느껴.
부모, 아내, 남편, 형제, 자식 — 그 누구보다도 나를 가깝게 여기는
　　누군가.
어떤 이들은 당황하지 — 하지만 그는 아니야 — 그는 나를 알아.

연인이자 완전한 동등한 존재!
나는 네가 그렇게 나를 발견하길 바랐어, 내 희미한 암시들을 통해서.
그리고 나도, 너를 만나면, 네 안의 같은 것을 보고 너를 발견할 거야.

AMONG the men and women, the multitude, I perceive one picking me out by secret and divine signs,
Acknowledging none else — not parent, wife, husband, brother, child, any nearer than I am;
Some are baffled — But that one is not — that one knows me.

Lover and perfect equal!
I meant that you should discover me so, by my faint indirections,
And I, when I meet you, mean to discover you by the like in you.

XLII

젊은이에게 나는 많은 것을 흡수하고, 접붙이고, 키우도록 가르쳐서 그를
    내 제자로 삼으려 하지,
하지만 그의 혈관에 나와 같은 피가 돌지 않는다면,
그가 조용히 연인의 조용히 선택을 받지 않는다면, 또한 조용히 연인을
    선택하지 않는다면,
그가 내 제자가 되고 싶어 한들 무슨 소용이 있을까?

TO the young man, many things to absorb, to engraft, to develop, I teach, to help him become élève of mine,
But if blood like mine circle not in his veins,
If he be not silently selected by lovers, and do not silently select lovers,
Of what use is it that he seek to become élève of mine?

XLIII

아, 너, 나는 자주 그리고 조용히 너를 찾아가, 함께 있으려고,
네 곁을 걷거나, 가까이 앉거나, 같은 방에 있을 때,
너는 모를 거야, 네가 내 안에 일으키는 그 은은한 전율을.

O YOU whom I often and silently come where you are, that I may be with you,
As I walk by your side, or sit near, or remain in the same room with you,
Little you know the subtle electric fire that for your sake is playing within me.

XLIV

여기, 나의 마지막 말들, 그리고 가장 난해한 말들,
여기, 내게서 나는 가장 연약한, 하지만 가장 오래 남을 잎새들,
여기, 나는 내 생각들을 낮추고 감추지 — 드러내지 않으려고,
하지만 그것들은 내 다른 모든 시보다 나를 더 드러내지.

HERE my last words, and the most baffling,

Here the frailest leaves of me, and yet my strongestlasting,

Here I shade down and hide my thoughts — I do not expose them,

And yet they expose me more than all my other poems.

XLV

활기차고, 달콤한 피가 돌며, 다부지게, 눈에 보이는
나는, 마흔 살, 이 나라의 여든세 번째 해를 지나며,
언젠가 백 년쯤 뒤, 혹은 몇 백 년 후의 누군가에게,
아직 태어나지 않은 너에게, 이 시를 보낸다.

이 시를 네가 읽을 때면, 눈에 보이던 나는 보이지 않겠지.
이제는 다부지고 눈에 보이는 네가, 내 시를 살아내며, 나를 찾겠지.
내가 너와 함께 있다면, 네 연인이 된다면 얼마나 기쁠까 상상하면서,
내가 너와 함께 있다고 생각해. 하지만 너무 확신하진 마, 지금 너와 함께
    있다고.

FULL of life, sweet-blooded, compact, visible,
I, forty years old the Eighty-third Year of The States,
To one a century hence, or any number of centuries hence,
To you, yet unborn, these, seeking you.

When you read these, I, that was visible, am become invisible;
Now it is you, compact, visible, realizing my poems, seeking me,
Fancying how happy you were, if I could be with you, and become
    your lover;
Be it as if I were with you. Be not too certain but I am now with you.

옮긴이의 말

그(녀)에게 닿기를 열망하는 목소리

1855년 7월 4일, 미국 독립기념일에 한 권의 낯선 시집이 세상에 나왔다. 제목은 『풀잎』(*Leaves of Grass*). 백 페이지도 채 안 되는 이 초판 시집에는 저자나 출판사의 이름 없이, "Brooklyn, New York"이라는 지명만 적혀 있다. 첫 장에는 한 남자의 사진이 실려 있다. 왼손은 바지 주머니에, 오른손은 허리춤에 걸친 채 삐딱하게 서서 정면을 응시하는 이 남자, 휘트먼이다. 반항적 인상을 풍기는 이 사진은 무명의 시인이었던 그가 자비로 출간한 시집과 닮은 듯하다. 휘트먼은 인쇄소에서 익힌 기술로 직접 편집하고 조판하여 열두 편의 시를 펴냈다.

초기의 반응은 냉담했다. 당대 독자와 평단에게 기존의 형식과 언어, 주제를 전복하는 휘트먼의 시는 너무나도 낯설고 파격적이었다. 예컨대, 「나 자신에 대한 노래」(*Songs of Myself*)와 같은 시에서 휘트먼은 기존의 규범적인 시 형식을 과감히 벗어나, 정해진 운율이나 압운, 엄격한 구조보다는 말의 자연스러운 흐름에 가까운 리듬을 살리는 자유시(free verse)를 실험했다. 한편, 「나는 전율하는 몸을 노래하지」 같은 연작[1]에 담긴 인간의 육체와 성을 직설적으로 다룬 표현들은 불편한 것을 넘어 불쾌한 것으로 여겨졌다. 사람들은 그를 예술가라기보다 외설적인 작가로 여겼고, 그가 꿈꾼 자유를 문란함으로 치부했다.

그럼에도 휘트먼은 계속 나아갔다. 그는 마치 자신의 삶을

---

[1] 초판에서 "The Bodies of Men and Women Engirth", 이후 "Poem of the Body"라는 제목으로 수정

가꾸듯이 『풀잎』의 개정과 확장에 각고의 노력을 기울였다. 1860년의 제3판에서는 남녀의 육체와 성적 관계를 한층 더 대담하게 묘사한 「아담의 아이들」(Enfans d'Adam)과 남성 간의 우정과 애정을 담은 「창포」(Calamus)를 포함시켰다. 이러한 시도는 점차 그에 대한 평가를 바꿨다. 휘트먼은 자유시의 개척자, 초월주의 시인, 민주주의의 예언자 등의 수식어를 얻었고, 미국판 호머나 베르길리우스, 혹은 단테나 셰익스피어에 비견되며, 미국의 미래를 노래한 진정한 "미국적" 시인, 나아가 세계적 시인으로 칭송되기에 이른다.

그러나 이러한 휘트먼이 오늘날의 독자들에게 여전히 호소력을 지니는 이유는 그러한 거창한 수식어에 있지 않다. 오히려 자신의 고유한 생각과 감정을 많은 이가 공감할 수 있는 보편적 정서로 확장해낸 데 있다.

이 순간, 혼자 앉아 그리움에 젖어 생각해보니, 다른 나라에도 나처럼
    그리움에 젖어 생각하는 사람들이 있을 것 같아.
독일, 이탈리아, 프랑스, 스페인 ― 또는 저기, 저 멀리 중국, 러시아,
    인도에서 ― 다른 언어로 이야기하는 그들을 바라볼 수
    있을 것 같아.
그리고 그 사람들을 더 잘 알게 된다면, 내 나라 사람들을 사랑하듯이,
    그들도 사랑할 것 같아.
그들도 내 나라 사람들만큼이나 지혜롭고, 아름답고, 자비로울 것 같아.
아, 우리는 형제처럼, 연인처럼 지낼 거야.
그들과 함께라면 나는 행복할 거야.
「창포」 XXIII, 138

휘트먼의 목소리는 1855년의 "브루클린"이나 "뉴욕" 그리고 "미국"이라는 한정된 시공간을 넘는다. 그는 다른 언어와 문화, 피부색을 지닌 사람들과의 차이를 인식하면서도, 그들 역시 자신처럼 생각하

고 있을 것이며, 자신이 그들을 사랑하게 될 것이라고 읊조린다. 그래서 이 목소리는 웅대한 이상의 영웅적인 선포라기보다는, 소시민의 소박하고 진솔한 고백처럼 들린다. "그리움"이라는 작지만 힘있는 보편적 감정을 머금었기 때문이다. 「창포」의 마지막 시에서 이 감정은 더욱 친밀한 목소리로 전달된다.

언젠가 백 년쯤 뒤, 혹은 몇 백 년 후의 누군가에게,
아직 태어나지 않은 너에게, 이 시를 보낸다.
「창포」 XLV, 182

휘트먼의 "그리움"은 두 세기 가까이 지난 현재 독자에게도 이처럼 성큼 다가온다. 그리움의 대상인 "너"는 누구든 될 수 있다. 남성이든 여성이든, 혹은 또다른 정체성을 지닌 존재이든 상관없다. 이 포용의 언어 속에서 독자인 "나" 또한 어떤 정체성의 존재이든 그의 시의 대상이자 뮤즈가 될 수 있다. 휘트먼은 선언한다. "나는 남자의 시인인 것만큼이나 여자의 시인이다"(「나 자신의 노래」, 21). 세계가 젠더 이분법의 틀 안에서 의미를 구성하고 언어를 작동시키는 현실 속에서도 그 언어를 불가피하게 사용할 수밖에 없는 조건 속에서도, 그 제약에 저항하고 그것을 넘어서려는 시적 의지가 느껴진다. 휘트먼은 다양한 존재와의 연결 가능성을 열어 두었다.

이제 나는 알았어, 좋아하는 이들과 함께라면 그걸로 충분해,
다른 모든 사람과 저녁 시간을 함께 한다면 그걸로 충분해,
아름답고, 특별하고, 살아 숨 쉬며, 웃는 몸들에 둘러싸이면 그걸로
    충분해.

[……]

> 남자들과 여자들 가까이에 머물며 그들을 바라보는 것, 그들의
> > 온기와 향기를 느끼는 데엔 무언가 있어, 그건
> > 영혼을 정말 기쁘게 하지,
> 모든 게 영혼을 기쁘게 하지만, 이것들이야말로 영혼을 정말 기쁘게 하지.
>
> 「나는 전율하는 몸을 노래하지」 4, 29

남성적 육체든, 여성적 육체든, 육체(적 존재)에 대한 긍정이 이러한 가능성을 충분히 뒷받침한다. 휘트먼에게는 인간이라는 존재 자체가 의미를 지닌다. "나"는 타인과의 신체적 접촉과 감각적 교류를 통해 인간 존재의 본질에 다가가며, 이러한 순간에 시적 주체의 목소리는 호소력을 얻는다. 이 목소리는 시간과 공간의 경계를 넘어서 "너"와 "나"라는 존재를 상호 매개하며, 감정적·존재론적 연대를 가능하게 한다.

내밀한 갈등과 고백

170년 전, 휘트먼은 아직 거대 담론이나 이념적 해석으로 채색되기 이전의 목소리로 오늘의 우리에게 말을 건넨다. 이 목소리는 휘트먼을 이해한다는 것이 단순히 그의 사상을 아는 데 그치지 않음을 환기시킨다. 단지 그의 사상이나 표면적인 개념만 파악한다면 그가 비판했던 '기계적인 앎'에 불과하다. 만약 그의 활력, 긍정, 이상주의에만 주목해왔다면, 그것은 휘트먼을 일면적으로 해석한 결과일 것이다. 이제 휘트먼을 낙관주의의 표상으로만 수용하지 않고, 보다 복합적이고 내밀한 휘트먼의 목소리에 귀 기울여 보자.

내 가슴에서 피어난 향기로운 풀잎들아,

난 네게서 자라난 잎들을 내어 주고, 시로 남겨, 나중에는 잘 읽힐 거야,

    [……]

아, 하지만 너희들이 뭘 뜻하는지 난 모르겠어, 너희들 아래에서 —
    너희들은 행복이 아니야,

때론 너무 쓰라려서 견딜 수 없어 — 너희들은 나를 태우고, 찌르기도
    하니까.

그래도 너희들은 내게 정말 아름다워, 희미한 빛을 띤 뿌리들아 —
    너희들을 보면 죽음이 떠올라,

너희에게는 죽음이 아름다워 — (사랑과 죽음 말고, 진짜 아름다운 게 또
    있을까?)

    [……]

수줍은 잎들아, 분홍빛 뿌리 속에 그렇게 몸을 말고 있지 마!

내 가슴에서 자란 풀들아, 그렇게 부끄러워하며 숨어 있지 마!

이리 와, 나는 내 넓은 가슴을 드러내기로 했어 — 너무 오랫동안 억누르고,
    삼켜 왔지,

「창포」 II, 84~85

그의 시어는 고통과 좌절, 억눌린 감정을 가감없이 드러낸다. 억제할 수 없는 그리움과 흔들림, 그로 인한 고통의 언어가 "풀잎"처럼 솟아오른다. "풀잎"은 결코 희망차고 낙관적인 것만을 상징하지 않는다. 그의 풀잎은 이면의 어둡고도 비관적인, 가슴을 "찌르"는 울림 또한 지닌 것으로 드러난다.

    이러한 내밀한 고백의 언어는 휘트먼과 거의 평생을 함께했던 피터 도일(Peter Doyle, 1843-1907)의 존재를 상기시킨다. 피터 도

일과의 관계를 암호("164")로 남긴 노트 속 기록은 시인이 겪은 내적 고통과 자아 분열의 흔적을 보여준다.

> 지금 이 순간부터 완전히, 영원히, 이 164를 향한 열병 같고 흔들리며 쓸모 없고 품위 없는 추구를 단념하겠어 ...
>
> 이 끈끈한 성향을 억눌러라
> 그것이 지나쳐서 — 인생을 고통스럽게 만든다
> 이 병든 듯하고,
> 열병처럼 과도한, 균형 잃은 애착 전부를.[2]

억누를 수 없는 열망과 억제된 충동이 뒤엉킨 내면의 울림이 겹겹이 스며 있는 언어들이다. 휘트먼이 당대의 억압적인 성 규범으로부터 완전히 자유롭지 않았음을 드러낸다. "끈끈한 성향"(adhesiveness)[3]이나 "쓸모 없고 품위 없는 추구" 그리고 "열병처럼 과도한" 같은 표현은 그가 자신의 감정을 얼마나 통제하고자 했는지를 말해준다. 그러나 그는 자신을 억제하려 하면서도 끝내 사랑의 충동을 부정하지 못한다.

[2] Gay Wilson Allen, The Solitary Singer, rev. ed. (New York, 1967), 421, 423. 재인용

[3] 19세기 중후반 유행했던 골상학(phrenology)의 용어. 휘트먼이 살던 당시엔 동성애를 긍정적으로 이해할 언어 자체가 없었다. "동성애자"(homosexual)라는 말도 아직 없었고, "퀴어"(queer)는 정립되지 않은 모호한 말이었다. 사회는 종교적 낙인(소돔 사람, sodomite)으로만 그들을 규정했다. 성적 주제를 비교적 개방적으로 다룬 드문 분야가 골상학이었는데, 휘트먼은 그 언어를 빌려 자신의 감정을 표현한 것으로 보인다.

휘트먼이 당대 비평가들과 독자들의 시선을 의식했음을 보여주는 한 단서는 바로 「창포」의 반복된 개정 과정이다. 1860년 초판에는 제목 없이 번호만 붙은 45편의 시가 수록되었으며, 전반적으로 개인적이고 과감하며 직설적인 표현이 두드러진다. 특히 성 정체성과 감정의 여운을 드러내는 데 있어, 그는 긴 대시(em dash), 행갈이, 들여쓰기 같은 시적 장치들을 빈번히 사용했다. 하지만 이후 개정을 거치며 이러한 특성은 점차 변화한다. 휘트먼은 1881~82년 판에서 시수를 39편으로 줄이고, 초판에서 가장 노골적이고 개인적인 감정 표현을 담은 일부 시들(예를 들어 8번과 9번)을 삭제하거나 수정한다. 대신 직접적인 감정은 다소 절제하고, 정치적·상징적인 언어로 확장하며, 시의 초점을 보편적이거나 국가적인 비전으로 옮겨가는 경향을 보인다. 그는 1881~82년 판과 유사한 1892년 판에서 자유시 형식을 더욱 본격화하고, 표현은 더 온건하게 다듬는다. 감정 어휘의 강도도 일부 완화하여 구조와 주제 면에서 한결 읽기 쉬운 형태로 정리한다. 1860년 초판, 그리고 1881~82년판과 1892년판 사이의 변화는 휘트먼에 대한 평판이 달라지고 독자층이 넓어지던 흐름과 겹친다. 이런 변화는 「창포」뿐 아니라 「아담의 아이들」 연작에서도 확인할 수 있다. 예컨대 「언젠가 인파로 북적이는 도시를 지나면서」(Once I pass'd through a populous city)라는 시에는 화자와 하루를 같이 보내는 "여자"가 등장하는데, 1925년에 발견된 자필 원고를 보면 이 인물은 원래 "남자"였다. 휘트먼이 출판을 위해 애인의 성별을 바꿔 썼다는 사실이 뒤늦게 드러났다.

　이처럼 휘트먼의 시는 형식면에서는 여전히 실험적이고 급진적이지만, 보수적인 사회문화적 분위기 속에서는 내용면에서 일정 부분 타협할 수밖에 없었던 것으로 보인다. 이번 번역에서 「창포」의 1860년 초판을 택한 것은, 휘트먼 초기 시편들이 지닌 개인적인 감정 표현의 강렬함과 급진성을 최대한 살려보려는 의도에서다. 「창포」를 중심으로 한 모순적인 구성과 변화는 휘트먼 자신의 정체성을 두고 겪었던 내적인 긴장, 그리고 그 긴장을 시라는 형식을 통해 풀어가려 했던 흔적으로 읽을 수 있다. 다음 인용 시에 나타나듯 휘트먼의 이러한 내적 갈등은 시적 언어 속에서 긴장과 해방의 움직임으로 형상화된다.

상징적이고 변덕스러운 풀잎들아, 너희를 놓아 줄게 — 이제 나를 도울 필요 없어,
가렴! 나는 내가 해야 할 말을 오롯이 하겠어,
남들이 나에게 강요한 가짜 삶에서 벗어나겠어,
나 자신과 내 동료들만 말할 거야 — 다시는 외치지 않을 거야, 그들의 부름만 따를 거야,
「창포」 II, 85

휘트먼은 사회적 규범간의 긴장 속에서 자신을 드러내고, 그 긴장 한가운데서 진정한 자신의 목소리로 말하려 한다. 이 고백의 언어를 통해 우리는, 그가 위대한 시인이기 이전에 평범한 한 인간으로서 사랑하고 흔들리고 좌절했던 존재였음을 마주한다. 이로써 우리는 스스로 억누르며 갈등하는 휘트먼의 고통스러운 내면을 들여다보게 되고, 동시에 그 가운데서도 기존 권위와 규범에 결코 순응하지 않으려는 그의 의지를 느낄 수 있다.

　　휘트먼은 때로는 소수자로서 외로운 목소리를 내고, 때로는 시인으로서 자신의 분투가 결코 혼자만의 것이 아니기를 염원한다. 언젠가 먼 미래의 "너"를 통해 자신의 목소리가 다시 살아나고 이어지길 꿈꾼다.

이 시를 네가 읽을 때면, 눈에 보이던 나는 보이지 않겠지.
이제는 다부지고 눈에 보이는 네가, 내 시를 살아내며, 나를 찾겠지.
「창포」 XVL, 182

휘트먼의 시는 "너"와의 감응을 통해 비로소 완성된다. 자신의 존재가 사라진 후 언젠가 독자가 자신의 시를 몸소 실천할 것이라 상상한다. 그가 강조하는 자신의 부재는, 한편으로는 서글픈 것일 수도 있지만, 다른 한편으로는 독자가 휘트먼의 시적 세계로 뛰어들고 그에 공감하기를 요청하는 것이기도 하다. 휘트먼이 가리킨 "너" 즉 "나"와의 감응이 이 번역을 시작하게 한 "내밀한" 동력이었는지도 모르겠다.

사람이 사람을 사랑한다는 것은

휘트먼의 시적 목소리는 사회규범적 젠더나 정체성의 범주를 넘어서는 사랑과 연대의 가능성을 노래한다. 이러한 개방성은 휘트먼 시의 중요한 미학적·윤리적 기반을 이룬다. 그러나 오늘날에도 여전히 일부 독자들은 그의 작품에 드러난 유연하고 다층적인 정체성을 축소하거나, 시적 화자와 실존 인물인 "진짜" 휘트먼을 분리하는 방식으로 그의 성 정체성을 애써 부정하려 한다. 휘트먼의 시에 자주 표현되는 당대 남성간의 신체 접촉(손을 맞잡기, 어깨동무하기, 입맞추기, 같은 침대에서 자기 등)은 깊은 우정이나 친밀함의 표시이자 당대 남성 공동체의 결속을 잘 보여주는 상징적인 행위라고 하며, 이성애와 같은 맥락의 로맨스로 생각하기를 거부한다. 피터 도일 같은 경우도 휘트먼의 "동성애"에 대한 확실한 "물증"에서 제외시키고, 휘트먼의 "퀴어성"을 불확실하고 모호한 것으로 치부해버린다. 학교나 강의실에서도 휘트먼의 성은 거의 언급되지 않는다.

휘트먼이 끝까지 포기하지 않았던 성과 정체성을 지운다면, "민주주의의 시인"이라는 수식어는 온전한 설득력을 지닐 수 없다. 『풀잎』에서 휘트먼이 그리는 "민중"이 이름 없는 다수와 그들이 이뤄내는 민주주의를 상징한다면, 그 민중 안에는 마땅히 다양한 존재와 공동체가 포함된다. 그의 시가 지향하는 민주주의는 특정한 정체성에 갇히지 않는 포용성과 개방성을 전제로 하고 있기 때문이다.

**영웅들이 쟁취한 명성과 위대한 장군들이 이룬 승리에 대해 읽을 땐
　　그 장군들이 부럽지 않아,
대권을 잡은 대통령도, 으리으리한 집의 부자도 부럽지 않아,
하지만 연인들의 형제애에 대해 읽을 때, 그들이 어떻게 했는지,
어떻게 삶을 거치고, 위험을 거치고, 혐오를 거치며, 변함없이, 오래 또
　　오래,
젊음을 거치고, 중년을 거치고, 노년을 거치며, 얼마나 흔들림 없이,
　　얼마나 사랑하고 헌신했는지 읽을 때면,
그러면 나는 생각에 잠겨 — 재빨리 책을 내려놓고, 쓰디쓴 부러움을 가득
　　안고 걸어 나가지.**

「창포」 XXVIII, 148

휘트먼은 자신과 유사한 사랑을 품었던 수많은 존재들이 있었음을 분명히 한다. 그 공동체는 어떤 상황 속에서도 지속되어 왔으며, 이는 곧 그의 시가 지향하는 연대의 힘을 보여준다. 이 때문에 "혐오"(odium)라는 단어를 특별히 주목하게 된다. "odium"은 메리엄-웹스터 (Merriam-Webster) 사전에 따르면, 비난받거나 경멸받을 만한 행위나 상황으로 인해 한 개인이 다수의 증오와 경멸의 대상이 되는 상태 혹은 그러한 대상에게 향하는 사회적인 증오와 경멸을 의미한다.[4] 시의 맥락 안에서 odium은 일반적으로 "혐오"로 번역되는 hate 또는 hatred 보다 훨씬 더 무겁고 깊은 뉘앙스를 지니며, 기나긴 차별과 배제의 역사를 함축하고 있다. (이러한 의미를 온전히

---

[4] "odium"은 『풀잎』의 1867년판에 실린 연작시「기쁨의 시」("Poems of Joy")에 한 번 더 등장하는데, 이 시에서는 "popular odium"으로 쓰여 그 의미가 더 구체적으로 밝혀진다.

담아낼 수 있는 적확한 한국어 번역어가 부재하다는 점이 아쉽다.) 휘트먼은 바로 이러한 무게를 자신의 삶과 사랑 속에서 감내하고, 시를 통해 표현하고자 했다.

      휘트먼이 노래한 민주주의는 단순한 정치적 이념이 아니라, 사람에 대한 깊은 애정에서 비롯된 것이며, 이러한 보편적인 감정은 오늘의 우리에게도 여전히 유효하다. 그의 시가 노래하는 사랑의 방식이나 대상이 무엇이든, 결국 그것은 사람이 사람을 사랑하고 기억하려는 시도에 다름없다. 이 번역 시집의 제목을 "사람들은 사람들의 몸을 감싸안는다"로 정한 이유가 여기에 있다. 이 제목은 『풀잎』 1855년 초판에 실린 다섯 번째 시이자 이후 판본에서 「나는 전율하는 몸을 노래하지」로 개정된 "The Bodies of Men and Women Engirth Me"에서 착안했다. 이 구절은 '남성과 여성'이라는 분명한 이분법적 호명을 담고 있다. 흥미롭게도 이번 번역 시집이 바탕으로 삼은 1892년 최종 판본에서는 이 표현이 "those I love"로 바뀐다. "그들" 또는 "사람들"로 번역될 수 있는 "those"는 앞서 언급한 것처럼 당대의 사회적 억압과 내면의 갈등 속에서도 휘트먼이 젠더 이분법을 넘어 더 보편적인 사랑과 연대의 언어로 나아가고자 했음을 보여준다. 그는 끝내 "남자" 또는 "여자"가 아닌, "내가 사랑하는 존재들"에 방점을 찍었다. "사람들은 사람들의 몸을 감싸안는다"의 반복적인 구조는 "나(I)"라는 시적 화자 또는 휘트먼 자신을 포함해, 다양한 정체성과 몸들이 서로를 포용하는 복수의 존재들 사이의 상호성과 그 안에서 역동하는 퀴어성을 강조하기 위함이다. 그런 의미에서 아래에 인용한 시의 "젊은이" 역시 원문과 함께 읽을 때 더욱 의미 있게 다가올 수 있겠다.

틈새를 비집고 들어온 찰나의 모습,
어느 늦은 겨울 밤, 술집 난로 주변에 있는 한 무리의 일꾼들과 마부들 —
      그리고 눈에 띄지 않게, 구석에 앉은 나,
내 손을 잡을 수 있게 조용히 다가와, 가까이 앉는, 나를 사랑하고, 내가

사랑하는 젊은이,
오랫동안 거기, 사람들이 드나들고 — 술 마시고, 욕설하고,
음담패설하는 웅성거림 속에,
함께 있는 것만으로 만족하고, 행복하며, 거의 말없이, 어쩌면 한마디도
없이 있던 우리 둘.

「창포」 XXIX, 150

마치 사진 속 다정한 두 사람과 같은 화자와 젊은이 사이의 침묵의 교감은 휘트먼이 상상한 민주주의적 공동체의 한 단면을 보여준다. 휘트먼이 친근하게 말을 건네고 접촉하는 "너"는 곧 "나"이며, "나"는 휘트먼이 포용하고 사랑하는 존재다. 이 공동체 속에서 "나"는 특정한 개인에 한정되지 않는다. "나"는 누구여도 상관없고, 어떤 존재여도 환영받는다. 그저 "함께 있는 것만으로"도 충분하다. 170년 전 휘트먼은 많은 존재를 차별 없이 아우르는, 사랑과 연대의 공동체를 꿈꾼다. 그리고 오늘날 우리는 자문하게 된다. 지금 우리가 살아가는 이 세계는 휘트먼이 꿈꾸었던 공동체에 얼마나 가까울까?

이 책은 세 분의 도움을 받아 완성했다. 파시클 대표 박혜란 님은 번역자와 긴밀한 논의를 이어가며 휘트먼 특유의 어조와 리듬을 한국어로 옮기는 과정에서 중요한 통찰과 실질적인 피드백을 제공해 주셨다. 편집자 제람 님은 편집과 감수 과정에서 세밀하고 정교한 검토를 통해 시의 언어를 다듬어 주셨으며, 특히 퀴어적 감수성을 드러내는 표현과 시어 전반을 면밀히 검토하고 적확하게 짚어 주셨다. 디자이너 여혜진 님은 휘트먼 시의 퀴어적 주제 의식을 섬세하게 포착하여, 이를 시각적으로 잘 드러나도록 구현해 주셨다. 세 분께 진심으로 감사드린다.

작가의 생애

1819년 5월 31일 뉴욕 롱아일랜드의 웨스트 힐스에서 출생. 부모는 영국계 및 네덜란드계 롱아일랜드 정착민의 후손. 외가 쪽은 퀘이커(Quaker) 교도였고, 아버지는 목수지만 이따금 농부 일을 병행. 휘트먼은 총 여덟 명의 형제 중 둘째.

1823년 주택 공급과 부동산 시장을 예상하고 가족 전체가 브루클린으로 이주. 휘트먼은 공립학교를 다니기 시작하였으나, 가족이 브루클린 내에서 자주 이사를 다님.

1831~1836년 열한 살에 학교를 그만두고 변호사와 의사 사무 보조로 일하기 시작함. 그 후 『롱 아일랜드 패트리어트』(Long Island Patriot)의 인쇄공 견습생으로 일함.

1836~1841년 가족과 함께 롱아일랜드로 돌아가 여러 학교에서 교사로 근무. 이 시기에 몇몇 주간 신문을 편집하고, 민주당 지지 활동을 함. 「학교 교실에서의 죽음(사실)」("Death in the School-Room (A Fact)")이라는 단편소설을 『데모크라틱 리뷰』(Democratic Review)에 발표하면서 등단. 『데모크라틱 리뷰』 당시 문학적 수준이 높기로 유명한 월간지로, 헨리 워즈워스 롱펠로와 너새니얼 호손 같은 주요 작가들의 작품이 실리던 잡지였음.

1841~1845년 뉴욕시로 다시 이주해 조판공 및 기자로 활동. 단편소설과 칼럼을 발표하고, 1842년에는 그의 유일한 소설이자 금주(禁酒) 운동 소설인 『프랭클린 에번스』(Franklin Evans; or The Inebriate)를 출간.

1845-1848년 브루클린에 거주하며 여러 신문과 잡지의 기자 및 편집자로 활동.

1848년 2월부터 5월까지 뉴올리언스에서 신문 편집자로 일함. 9월 브루클린으로 돌아와 『브루클린 프리먼』(Brooklyn Freeman)을 창간하고 편집장으로 일함.

1849~1854년 출판, 인쇄, 서점 운영, 주택 건축 등 다양한 일을 병행. 이후 『풀잎』에 수록될 시들을 쓰기 시작함.

1855년 『풀잎』 초판을 익명으로 자비 출판. 산문 형식의 서문과 12편의 시가 수록됨. 이 책에 대한 서평 세 편을 직접 쓰고, 랠프 왈도 에머슨에게 책을 보내 열렬한 격려의 답장을 받음. 출간 며칠 후 아버지가 65세로 사망함.

1856년 자신의 이름을 표지에 처음으로 밝힌 『풀잎』 제2판 출간. 에머슨의 편지를 허락 없이 함께 실음.

1857~1860년 『브루클린 타임스』(Brooklyn Times) 편집장으로 일함. 1860년 보스턴을 방문해 『풀잎』 제3판을 출간함. 이 판에는 146편의 새로운 시가 추가되어 가장 많은 신작이 포함된 판본이 됨. 이 판에서

「창포」(Calamus), 「바다의 표류」(Sea-Drift)와 같은 제목을 붙여 시들을 모은 연작시 형식의 구성을 시작함.

1861~1865년 남북전쟁 동안 뉴욕과 워싱턴 D.C.에서 부상병 간호와 병원 방문 활동을 함. 1862년에는 동생 조지가 부상을 입은 후 전선 지역을 방문. 1865년 링컨 대통령의 두 번째 취임식에 참석함.

1865~1873년 전쟁 후에도 워싱턴에 머물며 여러 공직에서 서기로 근무. 인디언 업무국(Bureau of Indian Affairs)에서 6개월간 일했으나 『풀잎』의 외설성 문제로 해고됨. 이 시기에 「북소리」(Drum-Taps)와 후속 시들을 출간. 노면전차 차장으로 일하던 피터 도일과 친밀한 관계를 맺음. 1873년까지 워싱턴에 거주하면서도 종종 브루클린을 방문하고 낭송회나 강연을 위해 여러 곳을 여행함.

1867년 『풀잎』 제4판이 뉴욕에서 출간됨. 휘트먼에 대한 첫 비평적 평가들이 이 시기에 등장하기 시작함.

1868년 윌리엄 마이클 로제티가 휘트먼 시선집을 런던에서 출판. 휘트먼은 이 판을 마음에 들어 하지 않았지만, 영국에서 그의 작품이 알려지는 데 큰 영향을 미침.

1870년 『풀잎』 제5판 초판 발행. 이 판은 이후 1871년과 1872년에 수정·재출간됨.

1871년 산문집 『민주주의의 전망』(Democratic Vistas) 출간. 영국에서의 명성이 더욱 높아지며, 알프레드 테니슨과 앨저넌 스윈번 같은 시인들의 찬사를 받음. 로제티 판본을 읽고 휘트먼에게 깊이 매료된 미망인 앤 길크리스트가 편지를 보내며 열정적인 서신 교류를 시작함.

1873년 1월, 뇌졸중으로 부분 마비가 오고 워싱턴을 떠남. 이후 1884년까지 뉴저지 카멘에서 동생 조지와 함께 거주. 이 해에 어머니와 제수 마사 사망. 휘트먼은 이후 그의 비서가 될 호러스 트라우벨을 처음 만남.

1876년 『풀잎』의 이른바 '저자판(Author's Edition)' 출간. 1871년 판과 큰 차이는 없으나, 『두 개의 강물』(Two Rivulets)이라는 연작시가 함께 실림. 또 「월트 휘트먼의 진짜 미국적 위상」("Walt Whitman's Actual American Position")이라는 제목의 글을 익명으로 발표하며, 자신의 빈곤과 비평계에서의 외면을 토로함. 이 글은 논란을 일으켰지만 약간의 관심과 재정적 지원을 이끌어냄. 자녀들과 함께 미국으로 건너와 휘트먼과 결혼하길 바랐던 앤 길크리스트와 처음 만남. 이 무렵 인쇄소 견습생 해리 스태퍼드와도 각별한 관계가 됨.

1879년 링컨에 관한 첫 강연을 시작하며, 이후 1890년까지 매년 이 강연을 계속함. 콜로라도와 미주리 등 미국 서부 지역으로 여행함.

1880년 캐나다에서 4개월간 체류하며 여행함.

1881년 보스턴에 머물며 『풀잎』 제7판을 준비함. 이 판은 휘트먼 생애에서 중요한 의미를 지님. 첫째, 주요 출판사 오스굿 앤드 코(Osgood and Co.)에서 출간되었고, 둘째, 처음으로 상당한 인세를 받았으며, 셋째, 이후 『풀잎』의 출판 방식이 확립되어 휘트먼이 사망할 때까지 유지됨.

1882년 『풀잎』이 외설적이라는 이유로 보스턴에서 판매 금지됨. 오스카 와일드가 1월과 5월 두 차례 휘트먼이 있는 뉴저지 캠든에 방문함. 남북전쟁 경험을 중심으로 한 자전적 에세이와 스케치를 묶은 『견본의 날들과 수집』(Specimen Days and Collect)을 출간함.

1883년 휘트먼에 대한 첫 전기(傳記)가 출간됨. 저자는 리처드 모리스 버크로 휘트먼도 일부 집필에 참여함.

1884년 뉴저지 캠든 미클 스트리트 328번지에 집을 구입하고, 이후 생애를 이곳에서 보냄.

1885년 건강이 점점 악화되자, 지인들과 지지자들이 돈을 모아 그에게 말과 마차를 선물함.

1886년 구독자들이 모은 기금으로부터 추가 금액을 지원 받는 한편, 필라델피아에서 링컨 강연을 하고 상당한 강연료를 얻음. 화가 토머스 에이킨스에게 자신의 초상화를 그리게 함.

1888년 또 한 번의 마비성 뇌졸중과 전신 쇠약으로 심각한 건강 악화를 겪은 후 완전히 회복하지 못함. 산문과 시를 엮은 『11월의 가지들』(November Boughs)을 출간함. 여기에 자서전적 산문 「걸어온 길을 되돌아보며」("A Backward Glance O'er Travel'd Roads")와 연작시 「일흔 즈음의 모래」(Sands at Seventy) 수록 작품이 포함되었고, 이 모든 작품은 그의 『시·산문 전집』(Complete Poems and Prose)에도 함께 수록됨.

1889년 휘트먼의 70세 생일을 맞아 캠든 시민들이 주최한 만찬이 열리고, 이 만찬에서의 연설들은 『월트 휘트먼에 드리는 캠든의 경의』(Camden's Compliment to Walt Whitman)로 출판됨.

1890년 4월에는 필라델피아에서 마지막으로 링컨 추모 강연을 함. 8월경 영국 평론가인 존 애딩턴 사이먼즈로부터 한 통의 편지를 받음. 이 편지에서 애딩턴은 〈창포〉의 주제를 근거로 휘트먼이 동성애자라는 의혹을 제기함. 휘트먼은 격렬히 부인하며 자녀 여섯 명과 손자 한 명이 있다고 주장함. 같은 해 10월에는 뉴저지 캠든의 할레이 묘지(Harleigh Cemetery)에 자신의 묘를 구입하고 직접 묘비를 설계함.

1891년 시와 산문을 모은 또 하나의 선집 『굿바이 마이 팬시』(Good-Bye My Fancy)를 출간하고, 이른바 '임종판 (Death-Bed Edition)'으로 불리는 『풀잎』의 판본에 대해 저작권 등록을 함. 이 판본은 1892년에 출간되었으며, 1881년판 『풀잎』의 구성과 내용을 대부분 따르지만, 이후 발표된 시들과 연작시를 추가함. 트라우벨의 도움을 받아 『산문 전집』(Complete Prose Works) 또한 1892년에 준비되어 함께 출간됨.

1892년 3월 26일 자택에서 사망. 캠든의 할레이 묘지에 안장됨. 휘트먼의 장례식에 천 명 또는 삼천 명 이상의 조문객이 참석했다고 전해짐.

참고 문헌

David S. Reynolds, Walt Whitman's America: A Cultural Biography, Alfred A. Knopf, 1995.

Joann P. Krieg, A Whitman Chronology, University of Iowa Press, 1998.

Justin Kaplan, Walt Whitman: A Life, Simon and Schuster, 1980.

참고 웹사이트

https://www.poetryfoundation.org/poets/walt-whitman

https://whitmanarchive.org/whitmans-life/chronology

https://www.loc.gov/collections/feinberg-whitman/articles-and-essays/timeline/

사람들은 사람들의 몸을 감싸안는다
The Bodies of Men and Women Engirth

초판 1쇄 2025년 8월 22일

지은이   월트 휘트먼
옮긴이   김성훈
편집   제람
디자인   들토끼들
펴낸이   박혜란
펴낸 곳   파시클 출판사
등록   2016년 10월 25일 제 2017-000153호
주소   경기도 고양시 일산동구 탄중로 398, 809동 701호
인쇄   상지사
ISBN   979-11-972356-4-1 03840

beonFascicles@naver.com
https://www.facebook.com/fascicles
https://x.com/Fascicles2017
https://www.instagram.com/fascicles_seoul

이 책의 판권은 파시클 출판사에 있습니다.
출판사의 동의 없는 무단 전재 및 복제를 금합니다.